増補改訂

玄奘三蔵訳

『唯識《ゆいしき》三十頌《さんじゅうじゅ》』要講《ようこう》

太田久紀 著

大法輪閣

はじめに

『般若心経』『観音経』『無門関』『歎異抄』などには、無数といってよいほどの注釈・講義・講話・法話などがある。それは短くて、簡潔に、仏教の核心が説かれているからであろう。

それによって仏教を知り、人生にこころを深めていった人々が数限りなくあった。

ところが、そういう条件を十分に備えながら、紹介されることも、広く開講されることも、きわめて少なかった書物に『唯識三十頌』がある。

まったくなかったわけではないが、どちらかといえば、専門家向けのものが多く、難解なものが大部分であった。唯識哲学とか唯識心理学などと呼ばれることが決して少なくなく、唯識は難しいとか、専門家のための仏教だという固定観念が、意外と深く広がっていたように思う。

しかし、私はそうは思わない。

むろん易しいとはいえないかもしれないし、多少の忍耐力も必要かもしれないが、現代のわれわれには、入りやすく、解りやすい仏教だと思う。

それは、論理的に組織的に仏教が説きすすめられているからである。いきなり、「信仰」とか「信心」とかを真っ正面にすえられると当惑するが、唯識はまず、その説くところを理解しようという角度から論述されているのである。

むろん「信」は、宗教に限らず、われわれの人生全体にとって、最も重要な意味をもつ心作用だが、現代のわれわれにとって、知的理解からの道は、いいしれぬ魅力をもっているように思う。

仏教理解への道、つまりそれは、真実の人生への一つの入口といってよいであろうが、その手がかりが与えられているように思う。

『瑜伽論《ゆがろん》』第六十四巻に「造論の六因・四徳」というのがある。

「六因」とは、(一)法義を広めるため、(二)いろいろな考えをもっている人々を正法に入れるため、(三)間違った考えをはっきりさせるため、(四)あちこちに説かれている教えを、まとめるため、(五)深い教えの真義を顕すため、(六)美妙な言葉で教えを飾り、浄信を生み出すためである。

「四徳」とは(一)先人にたいする驕慢な思いを離れる、(二)大悲を起こす、(三)同法のものに敬愛の思いを生じる、(四)自分に勝れた点がたとえあったとして、それを顕そうというような気持を持たなくなることだといわれている。

「六因」「四徳」に貫いているのは、深い真実への徹底した敬虔な思いと、同法者への連帯感と、そして驕慢な自己への強い反省であろう。

一言でいえば自己宣伝や自己顕示や自己主張のためであってはならないということである。

私心・私情を捨てて、専ら真実を求めるということである。

言葉でいうことは可能だが、それを実行することは、かなり難しいということを何回も思い知らされることの繰り返しであった。

数年前、六十八歳で亡くなられた岡田浤一氏は、晩年の五年間、仏教を学ぶことを深く楽しまれたが、『成唯識論』を、一人で勉強できる手引書を強く希望された。

それを約しながら微力のためそれを果すことなく今日にいたっている。

これはその準備の一つである。

立ち止まって思いを廻らすと、衛藤即応先生・小川弘貫先生・保坂玉泉先生、そして大西良慶和上・橋本凝胤長老、日夜、東奔西走、席不暇暖、説法に身を捧げておられる高田好胤和上などなどの先哲・先徳から、多くの教えと法愛を受けた。

その学恩・法恩の前に、稽首の念を深めるばかりである。

この改定版は、元版に欠けている所や、不十分な所を補足し修正したものである。

全面改定という我儘な申出を、快く御海容くださった中山晴夫氏に、心からお礼を申しあげる。

校正・索引などの煩わしい作業を手伝ってくれた妻千代の労をねぎらい、感謝の気持ちを表する。

平成六年二月五日

太　田　久　紀

増補改訂　玄奘三蔵訳『唯識三十頌』要講　目次

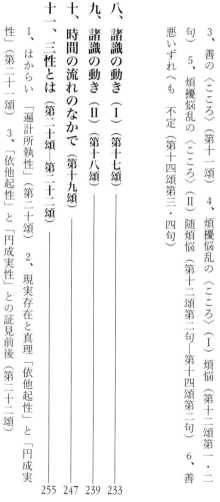

装丁　鎌内　文

唯識三十頌《ゆいしきさんじゅうじゅ》

世親菩薩造《せしんぼさつぞう》

稽首《けいしゅ》唯識性《ゆいしきしょう》　満分清浄者《まんぶんしょうじょうしゃ》　我今釈彼説《がこんしゃくひせつ》　利楽諸有情《りらくしょうじょう》

一　由仮説我法《ゆけせつがほう》　有種々相転《うしゅじゅそうてん》　彼依識所変《ひえしきしょへん》　此能変唯三《しのうへんゆいさん》

二　謂異熟思量《いいじゅくしりょう》　及了別境識《きゅうりょうべっきょうしき》　初阿頼耶識《しょあらやしき》　異熟一切種《いじゅくいっさいしゅ》

三　不可知執受《ふかちしゅうじゅ》　処了常与触《しょりょうじょうよそく》　作意受想思《さいじゅそうし》　相応唯捨受《そうおうゆいしゃじゅ》

四　是無覆無記《ぜむふくむき》　触等亦如是《そくとうやくにょぜ》　恒転如暴流《ごうてんにょぼる》　阿羅漢位捨《あらかんにしゃ》

五　次第二能変《しだいにのうへん》　是識名末那《ぜしきみょうまな》　依彼転縁彼《えひてんねんぴ》　思量為性相《しりょういしょうそう》

六
四《し》煩《ぼん》悩《のう》常《じょう》倶《く》
謂《い》我《が》癡《ち》我《が》見《けん》
并《びょう》我《が》慢《まん》我《が》愛《あい》
及《きゅう》余《よ》触《そく》等《とう》倶《く》

七
有《う》覆《ふく》無《む》記《き》摂《しょう》
随《ずい》所《しょ》生《しょう》所《しょ》繋《け》
阿《あ》羅《ら》漢《かん》滅《めつ》定《じょう》
出《しゅつ》世《せ》道《どう》無《む》有《う》

八
次《し》第《だい》三《さん》能《のう》変《へん》
差《しゃ》別《べつ》有《う》六《ろく》種《しゅ》
了《りょう》境《きょう》為《い》性《しょう》相《そう》
善《ぜん》不《ふ》善《ぜん》倶《く》非《ひ》

九
此《し》心《しん》所《じょ》遍《へん》行《ぎょう》
別《べつ》境《きょう》善《ぜん》煩《ぼん》悩《のう》
随《ずい》煩《ぼん》悩《のう》不《ふ》定《じょう》
皆《かい》三《さん》受《じゅ》相《そう》応《おう》

十
初《しょ》遍《へん》行《ぎょう》触《そく》等《とう》
次《し》別《べつ》境《きょう》謂《い》欲《よく》
勝《しょう》解《げ》念《ねん》定《じょう》慧《え》
所《しょ》縁《えん》事《じ》不《ふ》同《どう》

十一
善《ぜん》謂《い》信《しん》慚《ざん》愧《き》
無《む》貪《とん》等《とう》三《さん》根《ごん》
勤《ごん》安《あん》不《ふ》放《ほう》逸《いつ》
行《ぎょう》捨《しゃ》及《きゅう》不《ふ》害《がい》

十二
煩《ぼん》悩《のう》謂《い》貪《とん》瞋《じん》
癡《ち》慢《まん》疑《ぎ》悪《あく》見《けん》
随《ずい》煩《ぼん》悩《のう》謂《い》忿《ふん》
恨《こん》覆《ふく》悩《のう》嫉《しつ》慳《けん》

十三
誑《おう》諂《てん》与《よ》害《がい》憍《きょう》
無《む》慚《ざん》及《きゅう》無《む》愧《き》
掉《じょう》挙《こ》与《よ》惛《こん》沈《ぢん》
不《ふ》信《しん》并《びょう》懈《け》怠《だい》

十四
放《ほう》逸《いつ》及《きゅう》失《しつ》念《ねん》
散《さん》乱《らん》不《ふ》正《しょう》知《ち》
不《ふ》定《じょう》謂《い》悔《け》眠《めん》
尋《じん》伺《し》二《に》各《かく》二《に》

十五
依《え》止《じ》根《こん》本《ぼん》識《じき》
五《ご》識《しき》随《ずい》縁《えん》現《げん》
或《わく》倶《く》或《わく》不《ふ》倶《く》
如《にょ》濤《とう》波《は》依《え》水《すい》

十六
意《い》識《しき》常《じょう》現《げん》起《き》
除《じょ》生《しょう》無《む》想《そう》天《てん》
及《きゅう》無《む》心《しん》二《に》定《じょう》
睡《すい》眠《めん》与《よ》悶《もん》絶《ぜつ》

十七
是《ぜ》諸《しょ》識《しき》転《てん》変《ぺん》
分《ふん》別《べつ》所《しょ》分《ふん》別《べつ》
由《ゆ》此《し》彼《ひ》皆《かい》無《む》
故《こ》一《いっ》切《さい》唯《ゆい》識《しき》

十八
由《ゆ》一《いっ》切《さい》種《しゅ》識《しき》
如《にょ》是《ぜ》如《にょ》是《ぜ》変《へん》
以《い》展《ちん》転《でん》力《りき》故《こ》
彼《ひ》々《ひ》分《ふん》別《べつ》生《しょう》

十九
由《ゆ》諸《しょ》業《ごう》習《じっ》気《け》
二《に》取《しゅ》習《じっ》気《け》倶《く》
前《ぜん》異《い》熟《じゅく》既《き》尽《じん》
復《ぶく》生《しょう》余《よ》異《い》熟《じゅく》

二十
由《ゆ》彼《ひ》彼《ひ》遍《へん》計《げ》
遍《へん》計《げ》種《しゅ》々《じゅ》物《もつ》
此《し》遍《へん》計《げ》所《しょ》執《しゅう》
自《じ》性《しょう》無《む》所《しょ》有《う》

二十一
依《え》他《た》起《き》自《じ》性《しょう》
分《ふん》別《べつ》縁《えん》所《しょ》生《しょう》
円《えん》成《じょう》実《じつ》於《お》彼《ひ》
常《じょう》遠《おん》離《り》前《ぜん》性《しょう》

二十二
故《こ》此《し》与《よ》依《え》他《た》
非《ひ》異《い》非《ひ》不《ふ》異《い》
如《にょ》無《む》常《じょう》等《とう》性《しょう》
非《ひ》不《ふ》見《けん》此《し》彼《ひ》

二十三
即《そく》依《え》此《し》三《さん》性《しょう》
立《りっ》彼《ぴ》三《さん》無《む》性《しょう》
故《こ》仏《ぶっ》密《みっ》意《ち》説《せっ》
一《いっ》切《さい》法《ほう》無《む》性《しょう》

二十四　初《しょ》即《そく》相《そう》無《む》性《しょう》　次《し》無《む》自《じ》然《ねん》性《しょう》　後《ご》由《ゆ》遠《おん》離《り》前《ぜん》　所《しょ》執《しゅう》我《が》法《ほっ》性《しょう》

二十五　此《し》諸《しょ》法《ほっ》勝《しょう》義《ぎ》　亦《やく》即《そく》是《ぜ》真《しん》如《にょ》　常《じょう》如《にょ》其《ご》性《しょう》故《こ》　即《そく》唯《ゆい》識《しき》実《じっ》性《しょう》

二十六　乃《ない》至《し》未《み》起《き》識《しき》　求《ぐ》住《じゅう》唯《ゆい》識《しき》性《しょう》　於《お》二《に》取《しゅ》随《ずい》眠《めん》　猶《ゆう》未《い》能《のう》伏《ぶく》滅《めつ》

二十七　現《げん》前《ぜん》立《りっ》少《しょう》物《もつ》　謂《い》是《ぜ》唯《ゆい》識《しき》性《しょう》　以《い》有《う》所《しょ》得《とく》故《こ》　非《ひ》実《じつ》住《じゅう》唯《ゆい》識《しき》

二十八　若《にゃく》時《じ》於《お》所《しょ》縁《えん》　智《ち》都《と》無《む》所《しょ》得《とく》　爾《に》時《じ》住《じゅう》唯《ゆい》識《しお》　離《り》二《に》取《しゅ》相《そう》故《こ》

二十九　無《む》得《とく》不《ふ》思《し》議《ぎ》　是《ぜ》出《しゅっ》世《せ》間《けん》智《ち》　捨《しゃ》二《に》麤《そ》重《じゅう》故《こ》　便《べん》証《しょう》得《とく》転《てん》依《ね》

三十　此《し》即《そく》無《む》漏《ろ》界《かい》　不《ふ》思《し》議《ぎ》善《ぜん》常《じょう》　安《あん》楽《らく》解《げ》脱《だつ》身《しん》　大《だい》牟《む》尼《に》名《みょう》法《ほう》

已《い》依《え》聖《しょう》教《ぎょう》及《きゅう》正《しょう》理《り》　分《ぶん》別《べつ》唯《ゆい》識《しき》性《しょう》相《そう》義《ぎ》

所《しょ》獲《ぎゃく》功《く》徳《どく》施《せ》群《ぐん》生《じょう》　願《がん》共《ぐ》速《そく》証《しょう》無《む》上《じょう》覚《かく》

一、『唯識三十頌』とは

1、『唯識三十頌』について

『唯識三十頌《ゆいしきさんじゅうじゅ》』とは、唯識仏教の核心を三十の詩でまとめたものである。「頌」とは詩、韻文のこと。漢字の意味は「ほめ言葉」という意味。また中国の詩の一つの形式でもある。玄奘三蔵《げんじょうさんぞう》の翻訳によると、一頌は四句からなり、一句は五字からなる。つまり一頌は二十字である。漢詩の形式でいうと五言絶句《ごごんぜっく》に近い。五言絶句が三十あるわけだから、字数は六百字となる。これが『唯識三十頌』の本文である。

現在では、この本文の前に、題名と「世親菩薩造《せしんぼさつぞう》」という作者の名をあげ、続いて「帰敬頌《ききょうじゅ》・発起頌《ほっきじゅ》」といわれる二十字の一頌、そして本文の後に、「釈結施願文《しゃっけつせがんもん》」と呼ばれる二十八字（七言絶句）が加えられて、つまり合計六百五十八字を『唯識三十頌』と呼ぶ。

「頌」は、1重頌《じゅうじゅ》、2孤起頌《こきじゅ》の二に分けられる。「重頌」（梵語ゲーヤ）は、前に散文形式で、ある教説が説かれ、その内容を改めて重ねて韻文の形式で繰り返すものである。われわれに親しいのは『観音経』の偈頌《げじゅ》であろう。偈頌・応頌《おうじゅ》・頌経《じゅきょう》・歌詠《かえい》などと訳される。「孤起頌」は、偈頌のみが説かれるもので、この『唯識三十頌』がまさにそれにあたる。梵語ではガータといい、伽他《かだ》・迦陀《かだ》と音写し、諷頌《ふうじゅ》・偈頌・偈・頌などと訳する。

『唯識三十頌』が、わずか六百字で、唯識仏教全体を説き尽くそうとしていることはすばらしい。世親菩薩が『唯識三十頌』を造られた以前には、数多くの唯識関係経論がすでに存在していた。たとえば代表的なものをあげてみると『華厳経《けごんきょう》』『解深密経《げじんみつきょう》』『楞伽経《りょうがきょう》』などの経典があり、『瑜伽師地論《ゆがしぢろん》』『顕揚聖教論《けんようしょうぎょうろん》』『大乗荘厳経論《だいじょうしょうごんきょうろん》』『摂大乗論《しょうだいじょうろん》』などの論典がある。膨大な分量である。『瑜伽師地論』一つを取り上げてみても百巻もある。字数は七十万を超える。それだけの分量を費やして唯識仏教を説述していたのである。世親菩薩はそれを六百字に絞りきられたのである。長く書くことはやさしい。豊富な内容を取捨選択して必要最少限の表現にまとめあげるのは難しい。識見の高さと決断力が要求される。わずか六百字の『唯識三十頌』に稽首《けいしゅ》の思いを深めるばかりである。

　さてでは「唯識」とは何か。いうまでもなく本書はそれを求めるものであるので、ここで応えることはしない。ただ人間・自己の真実を、心とか精神とか呼ぶ領域に絞り、それを明確にすることだとして、精細な省察を深め、人間・自己とは何かという千古の問いに応えようとしているとだけいっておこう。よくものの存在を否定するように考えられるが、ものを否定するのではない。

仏陀のご生涯も、すべての仏教の歴史も、底に一貫しているのは〈こころ〉の探究である。〈こころ〉の探究こそが、全仏教を支える通奏低音である。唯識仏教はその真ん中を流れる清らかな一つの旋律であった。

2、世親菩薩について

作者、世親菩薩はガンダーラ（パキスタン）ペシャワールの人である。

生没年代は正確には分からない。仏滅九百年・一千年・一千百余年などの諸伝がある。最近の研究では、西暦三二〇―四〇〇年（宇井伯寿）、四〇〇―四八〇年（干潟竜祥・平川彰）などの諸説がある。

インドの大地は広い。その雄大な大地を旅していると、一人の人間の生死などまったく問題にならないような気になってしまう。一人の人間の尊厳を軽視するのではない。一人の人間の尊厳性と悠久な時間の流れと無限の空間とが一体となって歴史を超えた実在を感じさせるのである。インドの人達は地上の記録に熱心ではなかった。十年や二十年の違いなど一向に気にならなかったのであろう。思えば仏陀でさえも、いつの生誕でいつの入滅なのか分からないといってよい。幾つかの学説や伝承があるが、一番古い生没年代と一番新しいそれとでは、百年のひらきがある。つまり分からないのである。仏陀でさえその通りであるから、まして世親菩薩においては当然としかいいようがない。何年に生まれて何年に亡くなったか、問題はそんなところにはないのだ。どんな人が、どのように生きたか、それが現代の私にとっていかなる意味をもつのかそれこそが肝要なのである。

世親菩薩は三人兄弟であった。兄は無著《むじゃく》菩薩、『摂大乗論』の著者である。唯識仏教の大成者である。世親菩薩は、初め小乗の説一切有部《せついっさいうぶ》を修め、経量部《きょうりょうぶ》を究め、後に大乗の唯識学派に移っておられるが、その転向のきっかけになったのは兄無著菩薩のすすめであった。世親菩薩にとって無著菩薩は一生の方向を決定する重要な存在であった。もし無著菩薩のすすめがなかったならば、われわれはついに『唯識三十頌』に出会うことがなかったかもしれない。

転向の時期は分からないが、決して若い時ではなかったようだ。老後においても人が根源的に転換することがある。すばらしい人間の神秘である。

弟も優れた学僧であったと伝えられる。世親菩薩には多量の著作が残されている。分量も多いが、内容が実に広範である。余り範囲が広いので、外国の学者によって世親という人が二人いたのではないかという世親二人説まで出されている。

参考までにその著者の幾つかを紹介しておく。

十地経《じゅうじきょう》論　十二巻　菩提流支《ぼだいるし》訳

妙法蓮華経憂波提舎《みょうほうれんげきょううばでいしゃ》（法華経論《ほけきょうろん》）二巻　菩提流支訳

無量寿経憂波提舎願生偈《むりょうじゅきょううばでいしゃがんしょうげ》（浄土論）一巻　菩提流支訳

阿毘達磨倶舎論《あびだつまくしゃろん》　三十巻　玄奘訳

大乗成業《だいじょうじょうごう》論　一巻　玄奘訳

唯識二十論　一巻　玄奘訳

唯識三十頌　一巻　玄奘訳

摂大乗論釈　十巻　玄奘訳

弁中辺《べんちゅうへん》論　三巻　玄奘訳

仏性論　四巻　真諦訳

「菩薩」とは何か。

「菩薩」とは、インドの学僧で、著作を残している方の尊称である。

「菩薩」には、その他①前生をも含めて成道大悟される以前の釈尊、②求道心《ぐどうしん》をもって修行する人達、③観音菩薩・地蔵菩薩のような仏の分身、④日本・中国で庶民の信仰を集めた高徳の僧（行基菩薩《ぎょうき》など）という意味もある。

3、玄奘三蔵について

『唯識三十頌』の翻訳者は中国の玄奘三蔵である。生誕は六〇〇年あるいは六〇二年と二説ある。亡くなられたのは麟徳《りんとく》元年（六六四）二月五日（玄奘忌）であった。

日本では三蔵法師という方がよく通るかもしれない。『西遊記』の主人公・三蔵法師というのは、玄奘三蔵をモデルとしたものであり、玄奘三蔵は歴史的実在の人物である。玄奘三蔵は七世紀の人、『西遊記』は十六世紀明代の作品である。

七世紀というと中国に仏教が伝えられてからすでに六百年が経過しているので、翻訳された仏教の典籍もすでに沢山あり、三蔵もそれによって唯識を学ばれた。いわゆる旧訳《くやく》の唯識である。しかし多くの疑問が残った。その疑問を解くのには唯識仏教の原点ともいうべき『瑜伽師地論《ゆがしぢろん》』（『瑜伽論』）を学ぶ必要があることに気づかれた。そのためにはインドへいかなければならないとの思いが三蔵をかりたてた。

ところがその頃、中国は唐が天下を統一したばかりで、国内の安定をはかって政府は厳重な鎖国政策をとっていて、正当な方法ではインドへいくことができなかった。向学心にもえた三蔵は仲間をつのり、政府に渡天の許可を何回も願いでられたがついに許可はおりず、とうとう密出国を決行される。これも正確には何年なのか分からないのが残念だが、二十歳代後半のことである。人が最も意欲に燃え自信にみちた年齢である。帰国は貞観《じょうがん》十九年（六四五）、日本は大化改新の年であった。したがって往復をふくめて十七、八年に及ぶ長期のインド行であった。

唯識については、当時のインド仏教の中心地ナーランダで戒賢論師《かいけんろんじ》（シーラバドラ、五二九—六四五）について五年間、修学された。修められたのは護法《ごほう》菩薩系の唯識仏教であった。

護法菩薩系の唯識仏教というのは、世親菩薩造『唯識三十頌』に対する幾つかの解釈のある中の一つの学系である。それはどこまでも現実の自己に即して飛躍することなく着実に真を求めた宗教性豊かな唯識仏教である。元来仏教というのは、どのような系列のものでも自己探索を根本とするわけだが、なかでも唯識はそういう性格の強い仏教であり、その唯識の中でも護法菩薩の系統はそれを徹底して継承し精密化していったのである。

仏教をある角度から見ると、〈有《う》〉＝存在性を重視する流れと、〈無《む》〉＝存在の空無性を強調する流れとの二つがある。むろん別々のものではなく、〈有〉といっても〈有＝無〉の〈有〉であり、〈無〉といっても〈無＝有〉の〈無〉なのだが、そういう範疇によって見ると、護法菩薩系統の唯識は、全仏教の中で最も〈有〉の性格の強い仏教の一つといえるであろう。〈有〉の性格が強いことをもって、程度が浅いと考える愚説もあるが、〈有〉を離れてどこに真があるであろうか。現にここに実存する自己を通過して、どこに人生の根本を見出だしうるであろうか。

この系統の唯識が三蔵によって中国に伝えられ、それはそのまま日本に伝来され、その後長く中国・日本の唯識仏教の主流となった。

三蔵の往還の道は、現在バスや列車で通るだけでも圧倒されるような壮絶な大自然である。莫賀延磧《ばくがえんせき》と呼ばれる荒野、一度はいったら二度とかえらぬというタクラマカン砂漠、土の固まりを大地にたたきつけたような天山《てんざん》山脈、カラコルム、ヒンドゥークシ・ヒマーラヤなどなどの千古の雪に覆われた山々と、水一滴の響きをもとどめぬ砂漠と荒野である。数年前、その一部を旅をさせていただいたのであるが、そのすさまじさは、言葉を失うばかりであった。

栄達のためでも利益を得るためでもなく、ひたすら仏道の真実を求めての辛苦であった。その純粋なインド行にただただ頭がさがるばかりである。黙々として三蔵の芳躅を敬慕するのみであった。

旅にあって幾度、私は砂塵の舞う砂漠の彼方に、天竺を目指して西に向かわれる三蔵の後影を拝した事であろうか。覚めた眼で見れば、それは私の幻影だというであろう。そうかもしれない。しかし私は、その三蔵の後姿に幾度も幾度も合掌礼拝せざるを得なかったのである。

いわゆるシルクロードをいくと、あちこちに城塞や王宮、市街や寺院の跡を見ることができる。皆廃墟である。かつての栄華は見るかげもない。この世の事象の宿命とでもいうのであろう。まさに「諸行無常《しょぎょうむじょう》の響き」であり、「盛者必衰《じょうしゃひっすい》の理《ことわり》」である。

しかるに私どもは、そこを通って伝えられた仏道にいま現に出会っている。一人の僧によって運ばれた一つの文化は、千数百年を経過したいまも、歴史の盛衰を超えて現代に生き続け問いを投げつづけている。文化というものの重みをしみじみと痛感させられる。

往きは密出国の三蔵であったが、帰国は凱旋将軍のように歓迎され、唐の太宗・高宗二代の皇帝の尊崇を受けられた。以後十八年間、三蔵は皇帝の外護《げご》により、ひたすらインド伝来の典籍の翻訳にすべてを捧げられた。旧訳《くやく》唯識の代表的翻訳者真諦《しんだい》三蔵（四九九―五六九）の転々と場所を変えながらの流離の中の翻訳に比べると、よき外護者に守られた幸せな翻訳事業であった。

ただ途中で、崇山《すうざん》に隠退し禅定の修行をしたい旨を皇帝に願い出ておられるところからみると、三蔵ご自身の胸中には、仏者として思い残すことも何程かはあったかもしれないが、翻訳者という一面についてだけでいえば、恵まれた境遇であったといえるであろう。

公的な仏典の翻訳というのは、一人の人が書斎の中でこつこつと作業を進めていくというような私事的なものではない。『宋高僧伝《そうこうそうでん》』巻三『仏祖統記《ぶっそとうき》』巻四十三などに九位の役割分担が記されているように、おおがかりな組織をもつものであった。参考までに紹介すると左のようである。

①訳主《やくしゅ》（正面に坐して梵文《ぼんぶん》を述べる中心人物）
②証義《しょうぎ》（その左に坐して梵語《ぼんご》を批判検討する役）
③証文《もん》（訳主の右に坐し梵文に誤りがないかを正す役）
④書写《しょしゃ》（梵音《ぼんのん》をそのまま漢字で表す役）
⑤筆受《ひつじゅ》（翻訳を文章化する役）
⑥綴文《てつもん》（文字を綴って句とする役）
⑦参役《さんやく》（梵文と漢文とを比べて誤りを正す役）
⑧刊定《かんじょう》（冗長な文をけづって句の意味を定める役）
⑨潤文《じゅんもん》（南面して文章を美しいものにする役）

皇帝の外護によって行われる翻訳事業を「奉詔訳《ぶしょうやく》」といい玄奘三蔵の翻訳はまさに「奉詔訳」であるが、それにはこのような大々的な役割分担が配置され組織的に正確公正で権

威ある作業が進められたのである。(深浦正文『唯識学研究』上・『仏教学辞典』参照)

三蔵によって翻訳されたのは、深浦正文『唯識学研究』上によると七十四部一千三百三十五巻といわれる。(袴谷憲昭『玄奘』では七十五部一千三百三十五巻、『岩波仏教辞典』には七十六部一千三百四十七巻とある)

「翻訳の四大家」(鳩摩羅什《くまらじゅう》・真諦《しんだい》・不空《ふくう》・玄奘)の中でもその翻訳部数は抜群である。鳩摩羅什は三百八十四巻、真諦は二百七十四巻、不空は一百一巻といわれる。

部数の多さ内容の幅の広さもさることながら、ただひたすら一生を翻訳に専念されたそのこと自体に、私は感動する。それは翻訳には自己滅却という精神的姿勢が前提とされるからである。

われわれは、多かれ少なかれ自己顕示欲をもっている。自分を目立たせたい、自分を主張したいという気が〈こころ〉のどこかに潜んでいる。ところが翻訳という作業には、それがあってはならないのである。無私でなければならない。自分を押し出すのではなく、押し出さねばならないのは原典である。原典の意味や味わいである。

三蔵は唯識仏教について疑問を抱いてインドへいかれたのだから自ら帰国を決意された時には、これこそが本来の仏教であるという確信がえられていたはずである。自己顕示欲の強い人であったならば、帰国後まず第一になすべきことはその自分の理解を発表することではなかろうか。それに対して翻訳事業というものはそういう思いを捨てなければならないのである。

翻訳でなく、三蔵ご自身の文章で書かれた著作があれば、三蔵の唯識仏教を知るのに好都合である。それを読めばよい。ところが、三蔵ご自身の文章で書かれているのは、『大《だい》唐西域記《とうさいいきき》』十二巻ただ一部のみである。しかるに『大唐西域記』は、十七、八年に及ぶインド行の記録である。その精細で正確な記録は、世界の最も優れた旅行記の一つと高く評価されるものの、三蔵の仏教そのものを聞くのには、旅行記なるが故に最適な著作とはいえない。

『大唐大慈恩寺三蔵法師伝《だいとうだいじおんじさんぞうほっしでん》』によると、三蔵はインドで何日にもわたって多くの学僧たちを相手に仏教の正義を述べられ、それに対して疑問をもったり異議を唱える者は一人もなかったといわれているので、決して語学が堪能であったという程度の人ではなく、内には沸きあがる仏法の正義を秘めた方であったといわなければならない。それなるが故に、自己表現を徹底的におさえた翻訳への献身を、限りなく尊いことであったと思う。

翻経とは自分の主張ではなく、仏教の主張なのである。

以下は私の感想であるが、しかし三蔵が会得された唯識仏教をひそかに表明しておられるのではないかと推測される著作が一部ある。それは『成唯識論』である。そう思うのは、『成唯識論』は、『唯識三十頌』の注釈の一つであるが、その翻訳に特殊な事情が伝えられているからである。

その事情の一つは、「三蔵法師玄奘奉詔訳」と書かれているにもかかわらず、実際には第一の弟子慈恩大師基《じおんだいしき》（六三二―六八二）を筆受として、二人で翻訳が進められたといわれていることである。「奉詔訳」の九位の仕事分担からすれば、これだけでもたいへん変則的である。

第二の事情は、梵文を忠実に逐語的に漢文に翻訳をするという通常のやり方でなく、編集という方がふさわしいと思われるような変則的な方法がとられていることである。すなわちインドの十人の学僧の著した十部の『唯識三十頌』の注釈書を前におき、護法菩薩の説を基準にしながら取捨選択して、一部の書物としてまとめあげておられるということである。これを「合糅訳《ごうにゅう》」とか「糅訳」というのであるが、翻訳の常識からするとずいぶん思い切った方法である。翻訳というよりも編集という方がふさわしいような感じさえする。しかも梵語原典は残っておらず、どこまでが護法菩薩の説でどこからが翻訳の段階で取捨されたのか定かでない。原典は幾度もの戦乱によって散逸したともいわれ、また処分されたともいわれる。

翻訳の方法が独特であるのと並んで、その内容にも独自の主張が随所にみられ、〈有《う》〉に立脚する一つの定見に基づいて論旨が展開されているのである。その点が、大乗の極地にとどかないものというような批判を受けたこともあった。

しかし私は、その独特の理解は、学者の興味や好みで主張されたのではなく、「そうでなければならぬ」という宗教体験に基づいたものだと思う。護法菩薩の譲ることのない宗教体験が独特の組織や視点を造り上げたのである。そしてそれが、玄奘三蔵の求道の〈こころ〉と響応しあって、翻訳としてはきわめて変則的な翻訳を完成させたのではなかろうかと推測するのである。そしてその異例の変則を通して、玄奘三蔵は自分の証得した唯識仏教の核心をとどめようとされたと考えるのは私見にすぎるであろうか。

翻訳の完成は顕慶《けんけい》四年（六五九年）十二月三十日であるから、三蔵の一生からすれば、最晩年になる。主たる唯識典籍の翻訳も大体終わった。最後に、戒賢《かいげん》論師のもとで修めた唯識の核心をまとめておきたい、そんな気持ちが、『成唯識論』の特殊な翻訳事情をうみだしたのではないであろうか。

そんなことを考えてみると、玄奘三蔵は翻訳作業を進めながら、そこに編集作業をも組み込むことによって、護法菩薩系の唯識仏教の帰結を明らかに表明しようとされたのではないのか。

勝手な憶測にすぎないが、『三十頌』を読み『成唯識論』を開くたびにそう思われてならないのである。

しかし護法菩薩の体験と玄奘三蔵の求道の志とが重なりあって生まれたものであるが故に、本書では、その『成唯識論』の説に全面的に依存しながら『唯識三十頌』を学んでいきたいと思う。

二、稽首帰依す（帰敬頌）

稽首唯識性　1唯識《ゆいしき》の性《しょう》において
満分清浄者　満《まん》に分《ぶん》に清浄《しょうじょう》なる者《ひと》に稽首《けいしゅ》す
我今釈彼説　2我今《われいま》彼《か》の説を釈し
利楽諸有情　諸の有情《うじょう》を利楽《りらく》せん

1、その作者

1を帰敬頌《ききようじゅ》、2を発起頌《ほっきじゅ》といい、まとめて宗前敬叙文《しゅうぜんきようじょもん》という。いずれも三宝《さんぽう》に帰依《きえ》する気持を表したものであるが、前に述べたように、『三十頌』の本文ではなく、誰かがいつか付け加えたものと考えられ、その誰かは、インドの安慧《あんね》菩薩（四七〇―五五〇）であると長く伝えられてきた。しかし二十世紀になって安慧の梵文が発見・公表されてみると、伝承どおりでよいかどうか疑問をもたれるようになり、はっきり誰の作と断定できないのが現状である。

「頌」の性質上、作者が誰であるかはそれほど大切なことではない。三宝に帰依する気持を先徳たちが述べられたものであり、私どももまたその「頌」を通して、帰依の気持を調えればよいのである。

真実とその体験者への純粋な帰依の気持と、人々への開かれた精神の表明である。

2、五体投地して　唯識性

「稽首」とは、頭を大地に着けること。「五体」とは、頭・両肘・両膝。それを大地に投げ出して、ひれ伏すのである。最も重い礼といわれる。(『大字典』)

ひれ伏されるもの、つまり「稽首」の対象となるものは何か。「満に分に清浄《しょうじょう》なる者《ひと》」である。「満清浄者」は仏。「分清浄者」は菩薩である。

仏・菩薩の前にひれ伏すのである。その仏・菩薩の精神内容となるものは何であるか。それは「唯識性《ゆいしきしょう》」である。「唯識性」とは何か。『成唯識論』「巻九」にその定義が次のように述べられている。

「唯識性」は概略すれば次の二類となる。

（1）
一は、虚妄《こもう》、遍計所執性《へんげしょしゅうしょう》。
二は、真実《しんじつ》、円成実性《えんじょうじつしょう》。

（2）
一は、世俗《せぞく》、依他起性《えたきしょう》。
二は、勝義《しょうぎ》、円成実性《えんじょうじつしょう》。

遍計所執性・依他起性・円成実性という語については、後に〈三性《さんしょう》〉説を学ぶところで詳しく読むので、ここでは（1）（2）の分類にのみ着目する。

そこで興味深いのは、仏・菩薩の精神内容と思われるもののなかに、「虚妄」「世俗」という仏・菩薩の内容にふさわしくないものが挙げられていることである。

それは何を意味するのか。

それは、唯識が示す人生の真実は、決して「真実」「勝義」という語で示されるような清らかな面ばかりでなく、マイナス要素と考えられる一面も含まれていることである。それは、人生の有限性や染汚性《ぜんませい》の部分が、人生の真実を追及するとき不可欠であることを意味する。
自分の有限性や染汚性などへの深い自覚なくして永遠性も清浄性もない。それはどの仏教にも共通にみられる特徴の一つであるが、なかでも唯識は、現実の人間存在の実態をありのましっかり見すえ、そこから人生を創造していくという態度の強い仏教であるから、人間の有限性や染汚性や闇黒性が無視されてはならないのである。染汚性の自省なくして清浄性は求めえないし、有限性や闇黒性の自覚なくして人生の真実は開示されない。闇を知ることは光へ触れたことであり、光に出会うことは、同時に暗闇の自己に対峙することである。明と闇とは一体不可分である。だからマイナス領域が含まれなければならないのである。

この問題は旧くから議論されたようで、子嶋《こじま》の真興《しんごう》（九三四―一〇〇四）『唯識義私記《しき》』には中国の智周『成唯識論演秘』如理《にょり》『成唯識論疏義演《しょぎえん》』霊泰『同疏抄《しょしょう》』道邑《どうゆう》『同義纒《ぎうん》』、日本の信叡《しんえい》・仲算《ちゅうざん》などの説が紹介されているが、少々専門的になるので触れないこととする。『私記』は、（1）虚妄《こもう》識の所変だから唯識性に含める。（2）いずれも識を離れないから唯識性に含めると述べている。

真実といっても虚妄の相以外のなにものでもないし、勝義といっても遷り変わり流れ去る世俗の現実を離れてあるのではない。世俗の側に立てば、流れ去り遷り変わる流転の現実であり、勝義の側に立てば遷り変わり流れ去る真実である。

3、満に分に清浄なる者《ひと》

しかし仏・菩薩はそれに対して「清浄」であるといわれる。「満」は円満・完全のこと。「分」は少分・部分のこと。

「清浄」とは「二障都尽《にしょうとじん》」(『述記』=基の『成唯識論』の注釈書)と注釈される。「二障」とは煩悩障・所知障(後述)であるが、一言でいえば仏道を修めるうえで障害となる知的・情的〈こころ〉の動きである。それがすべて滅尽しているというわけだから、仏・菩薩にあってマイナス領域は処理されていることを意味する。二類の分類の言葉を挙げれば「虚妄—遍計所執性」は滅尽しているのである。

「都尽」は消極的、「清浄」は積極的に仏・菩薩の精神内容を表しているように思う。

『述記』に、五体投地して「稽首」する対象は何かということについて、吟味したところがある。それはそのままわれわれが何に稽首するのかを明らかにする手掛かりでもあるので要点を挙げる。

一、ただ法のみに稽首して、人を含まない。

二、ただ人のみに稽首して、法を含まない。
三、法にも人にも稽首する。
四、仏法僧の三宝に稽首する。
この四釈には、それぞれに宗教的な味わい深い意味があるのだが、善然《ぜんねん》（―一五六〇）はその著『成唯識論泉紗《いずみのしょう》』で、第二釈が正義であろうと述べている。その理由は、「満分清浄者」の「者」は具体的な人を指すからである。『述記』の「正しくは本釈二師に帰《き》依《え》するを取る」という語をその証拠としている。具体的な血のかよった人物そのものが、「稽首」の対象だとするのである。抽象的・観念的な真理や理論ではない。

宗教とはおそらくそういうものであろう。切れば血のほとばしる一個の人間の深淵に足がしっかりと着いていなければならないのである。理論や主義主張や体系ではない。具体的な生活人そのものである。真理は、一人の人間の行動によってそこに現成する。われわれは人を介して真理に出会うのである。「釈」とは「解釈開演《げしゃくかいえん》のこと。開とは、幽隠《ゆうおん》であきらかにされていないものを、あきらかに説くことであり、演とは、簡単に説かれたものを、広く詳しく談じること」とある。〈有情《うじょう》〉とは、感覚や感情を持つ者という意味、梵語のサットヴァの翻訳である。「衆生《しょじょう》」とも翻訳されるが、『述記』は①情識《じょうしき》を有するもの、②情は本性の意味であり、その本性を有するもの、③情とは、愛であり、愛を有するものという三の解釈をあげている。人の苦悶の根源に、情・愛を見出だしていることであって、哀しい人間の実態をよくとらえた表現だと思う。

〈愛〉という言葉には二つの意味がある。第一は、慈愛・愛語などという良い意味の愛である。梵語はトゥリシュナー。第二は、執着というマイナス概念である。梵語はプレーマという。

〈有情〉の意味がこのようであるから、それは人間のみを指すのではない。天人も動物も地獄の生きものも皆すべて含む。この宇宙にわれわれと同じように生きるすべてのものを〈有情〉と呼ぶのである。そしてその観点から見れば、上下の違いはないのである。同じこの地球に住む同じ生命を生きる仲間なのである。

4、仏道より与えられるもの　利楽

〈利楽《りらく》〉とは〈有情〉にとって利益となることをすること、〈有情〉が安楽になるように勤めることである。

『述記』には十利五楽が示されているが、要点は次のようである。

一、利は利益《りやく》、未来を済《すく》う。
楽は安楽、現在を済う。
二、現在を利するのを利。
未来を益《やく》するのを楽という。
三、善を摂《おさ》めるのを利。
悪を離れるのを楽という。
四、悪を離れるのを利。
善を摂めるのを益という。
五、苦をでるのを利。
楽を与えるのを楽という。
六、智をおこすのを利。
福をおこすのを楽という。
七、出世の善を利。
世の善を楽という。
八、小果を生じるのを利。
大果を生じるのを楽という。

九、利楽は一体異名である。
十、略

どれが正義なのかは述べられていない。さまざまの解釈があったと考えればよいであろう。現にここでも三と四の項目のごときはまったく逆の解釈である。こういう羅列的な注釈には、一つのことに対してさまざまの解釈があったことを読み取ればよいであろう。早急に結論を求めようとしない悠容たる態度も感じられ、なかなか味わい深いものがある。

「楽」については、五楽があげられている。

一、因楽　安楽を受け止めるもの。身体・心など。
二、受楽　境を安楽として受け止める感覚・感情。
三、苦対治楽　苦痛が取り除かれた安楽。
四、受断楽　通常の感覚や感情を断滅した禅定《ぜんじょう》の安楽。
五、無悩害楽　悩ますもののない究極的な安楽。

無悩害楽については、『述記』は①出離《しゅつり》楽（出家）②遠離《おんり》楽（清浄な世界に生まれる）③寂静《じゃくじょう》楽（涅槃）④覚法《かくほう》楽（菩提）と述べている。〈楽〉の分析の方が〈利〉の分析より組織的のようである。浅より深へ、俗より聖へという秩序のうえに整理されているといえよう。

宗教でも仏教でも、倫理的な善悪の一面がまず想起される傾向があるように思うが、そしてもちろんそれでよいのだが、実はその奥に安楽・安息というもう一つ深い安らぎの世界があることを見落としてはならないように思う。仏道からわれわれが与えられるのは、善であり浄であることを含めてであるが、もう一つが、〈安楽〉であることに私は感動する。

仏道修行とは、すべてを放下《ほうげ》して、ひたすら自己錬磨に専心するという緊張感に充ちた生き方だけが想起されるかもしれないが、悠容迫らず、人生の深みをどっしりと味わい楽しむという、自然の安らかな幸せな世界のあることを忘れてはならないように思う。

修行は、何かの目的に向かった手段方便ではなく、そのものが直截的に目的でなければならない、そういう性格を根底に潜めているのである。一時の修行がそのまま仏道の奥義である。悠然として南山を看る、そこにかけがえのない人生の極致がある。

三、我・法の種々相（第一頌前三句）

由仮説我法　仮《け》に由《よ》りて我法《がほう》ありと説く
有種々相転　種々の相　転ずることあり
彼依識所変　彼は識の所変《しょへん》による

本当は、さまざまの縁によって生じた仮の存在と認識であるのにもかかわらず、実体的な我・法が実在すると錯覚していると説かれる。さまざまの相貌が限りなく展開する。森羅万象ことごとくがそうである。その無数の相貌は、識によって生み出されたものである。

1、仮に由りて

「仮に由りて」という読み方には不自然なところがあり、「仮説《けせつ》」とつづけて読む方が梵語原典からすると妥当だという意見もある。

しかし伝統的には「仮に由りて」と読んできた。先哲たちがそう読んだのには、それなりの理由がある。唯識仏教への深い理解に基づいてそう読んだのである。

その理解とは何か。

『新導成唯識論』（法隆寺刊）には、「一に云く、言説《ごんぜつ》の仮《け》」「二に云く、所説の仮」という傍注がほどこされている。言語とその意味内容は仮であるということである。

〈仮〉とは因縁によって生じたものということである。唯識仏教には、言語を、条件によって定められた相対的なもの、つまり因縁生とする言語観がある。それは〈名言《みょうごん》〉という。

考えてみると、言語は絶対的なものではなく、一つの約束事にすぎない。時代によっても変わり、場所によっても変わる。その言語の意味内容も決して絶対的なものではない。それを〈仮〉というのである。

しかし、普段はそういうことを考えることもなく、日常使う言語を知らず知らず固定化し絶対化し実体視している。「辞書」というのは、ことばの絶対化、固定化の象徴である。何万語という言葉が絶対的意味を付与されて実体化されている。しかし現実的には、辞書の言葉がそのまま使われているのではない。日常使われている言葉は、喜怒哀歓の心がこもっているものだ。たとえば「自動車」という語一つをとりあげてみても、辞書には「普通四つの車輪をもち、発動機の動力でレールなしに走る車」（『岩波国語辞典』）と書かれているが、日常使われている「自動車」ということばは、こんな無機質なものではない。自動車の好きな少年が、憧れの新型スポーツカーを見て、「自動車」と嘆息することばと、向こうから来る車を見て、遊んでいる子どもに「自動車！」と叫ぶ母親のことばとは、まったく別である。しかし普通はそういうことは考えず、ことばの意味を知りたいときには、躊躇することなく辞書を引く。辞書を引けば、ことばの意味が解ると思っているのである。ことばが実在化されているのである。

〈仮〉という語は、そのように、ことばやその意味についてそれは〈仮〉だというのであり、もともとその〈仮〉であるものを、なんとなく実在化していることを示唆し、その実在化されたものを、〈我〉〈法〉というのである。

したがって「仮に由りて」という表現は、〈仮〉ということが自覚されていることを意味しており、決然として宗教的立場に立って人間の心、人間の存在を説きはじめることを示している。

『述記』は〈仮〉について「一、無体随情仮《むたいずいじょうのけ》、二、有体施設仮《うたいしせつのけ》」という〈仮〉の分析を述べている。一は、幻想・幻覚ともいうべきもの、仏教で妄想と呼ぶ〈仮〉であり、二は、いろいろの条件の結合によってそこにあるという点でみればあるといわざるをえないのだが、衆縁所生《しゅえんしょしょう》という点でいえば、やはり〈仮〉であることを指摘するものである。

2、我について

この第一句について、『成唯識論』は、

一、我というは主宰《しゅざい》
二、法というは軌持《きじ》

と定義している。

「主」とは中心となる、つかさどるなどの意味。「宰」は、つかさどる、きりもりする、とりしきるなどの意味。したがって〈主宰〉とは、自由自在にきりもりをする主体とでもいえばよいであろうか。『述記』は、国王が自在であり、大臣が割断するようなものだと述べている。つまり国王は、自分の意思で自由自在にふるまうことができ、大臣は、その意思を受けてものごとを実行していくようなものとして説明している。独裁制とかワンマン体制などを想起すればよいであろう。

『成唯識論』は〈我〉について二種類の我説を紹介している。第一は、われわれの内側に内在する我であり、第二は、超越的な実在としての我である。

内在的な我とは、「有情《うじょう》」「命者《みょうじゃ》」「預流《よる》」「一来《いちらい》」等という言葉があげられているように、われわれは、人間を含めての生き物に、それぞれその生き物としての統一体があるように思っている。犬には犬の統一体があるように思っているし、自分には自分という統一体が内在しているとなんとなく考えている。幼かったころの自分と現在の自分との間には、自己自身という同じ統一体が一貫しており、それに支えられて自分がここに生存していると暗黙のうちに思いこんでいる。これを内在的な我説と呼んでおこう。

第二の超越的実在としての我説は、『成唯識論』には、かなり詳しく紹介され、それが不合理であることが述べられている。それはそういう見方が、唯識仏教が形成された時代の大きな思潮であったからであろう。いわゆる外道（仏教以外の思想）の我論である。それへの批判についてはしばらくおくとして、紹介されている我説は次のようである。

第一群
1、常住で虚空に遍在する我。
2、常住であるが、大きさは不定である我。

3、常住であるが、大きさは極微《ごくみ》のように小さく、全身のなかを勢いよく動きまわる我。(極微＝物質の最小単位)

第二群

1、身体と一体の我。(即蘊《そくうん》の我)

2、身体と別体の我。(離蘊《りうん》の我)

3、身体と一体でもなく別体でもない我。(非即非離蘊の我)

当時主張されていた六種の我説であるが、さらによくよく見ると、第一群の1の我説とその他という二類に分けることができるように思う。

第一群の1の我説は、超越的実在者としての我であり、その他は内在的な我説である。第二群の2の我説は超越的なものとも見えるが、その分類の仕方から身体との関係の上からとらえているようだから内在的我説と理解することもできるように思う。

インドの思想史を見ると、超越的実在者をブラフマンといい、内在的我をアートマンといい、その一体感―梵我一如―を会得するのを究極の救済とするという構造の宗教が主流であったといわれている。

いうまでもなく、仏教は超越的にしろ内在的にしろ、不変の実体的実在を認めない。個体の内側にも超越的な領域にも、不変の実体はないのである。それがわれわれの世界の真相である。

3、法について

次に〈法〉とは、『総合佛教大辞典』によると、「任持自性《にんじじしょう》・軌生物解《きしょうもつげ》」という伝統の定義をかかげ、その後に①すべての存在。②行為の規範・教説。③性質・属性という三の意味をあげている。

『岩波仏教辞典』には「整理すると(1)法則、正義、規範、(2)仏陀の教法、(3)徳、属性、(4)因、(5)事物、の五種となる。」とある。

〈法〉というのは大変難しい概念である。伝統的な「任持自性」とは、独自の本性をもって存在しているという一面であり、「軌生物解」とは、独自の本性をもって改変せず、一定の理解の基準となるという一面である。

すべての存在は、それぞれ独自の性質をもって存在している。書物は書物という性質をもって存在しており、どのように類似していてもノートと混同されることはない。それが「任持自性」の一面である。

その時、われわれは無意識のうちに、「書物」というのはこれこれのものという基準にてらして判断をくだしており、「ノート」はこれこれのものという基準によって、これは書物であってノートではないという判断をする。ものの理解の基準となる一面が「軌生物解」である。

「任持自性」が直接事物を指すのに対して、「軌生物解」は観念的領域に属するということができる。

そして実はその二面は別々のものではなく、一体不可分のものとするのが、仏教の存在論であり認識論である。事物は人間の観念的領域を離れて存在しているのではないし、観念は具体的には事物としてそこに顕現している。森羅万象すべてのものが、人間の〈こころ〉がそれとして認識したものに限られたものであり、それ以上のものをわれわれは知ることはできない。

またわれわれの〈こころ〉は、具体的には、山であり川であり、書物でありノートであるという形象、あるいは喜怒哀楽、愛憎好悪などの感覚・感情、あるいは思考・判断・想像力などの精神活動としてのみ知ることができる。

その二面を含めて把握したいために、〈法〉というのである。

また、仏教では、永遠不変の真理は、有限な具体的事象の存在の法則そのものであるとし、真理と事象とを別のものとしない。したがって〈法〉は真理をも表し、真理の言語化である仏陀の教説もまた当然〈法〉以外のなにものでもないことになる。

かなり難解な表現になったが、私は『唯識三十頌』を理解するという本書の目的にあわせて、〈法〉を、A真理、B仏陀の教え、C意識の上にとらえられた一切のもの、Dことば・価値観・文化などとおさえておこうと思う。

〈仮〉なる存在と認識の上に、ありもしない実体的な〈我〉〈法〉を、われわれの〈こころ〉が構築していくのである。捉えられたものは虚像にすぎない。

4、三つの〈こころ〉(I)(第一頌第四句)

此能変唯三　　この能変《のうへん》はただ三のみなり

この能変は　　ただ三のみである

ではその種々の〈我〉〈法〉を造り上げているものは何ものか。

それは三つの〈こころ〉にすぎないという。

ここでは、〈能変〉という語で我・法を造り上げるものをとらえている。

この〈能変〉という訳語については学者の間に議論がある。その要点は、原語である梵語はパリナーマであり、第三句と第四句に使われている。ところが第三句では〈所変《しょへん》〉第四句では「能変」と訳されているのである。同じ語が違った言葉に訳されているということは、そこになんらかの理由があったと考えられる。

たとえば長尾雅人『中観《ちゅうがん》と唯識』（岩波書店）では、「一つには彼らの見識を示すものである。また一つには読者の理解を助けようとの親切からしたものかも知れない。あるいはシナの人士の理解の仕方が能所的であり、さらにインドにおいても世親《せしん》以後の時代に、能所に分析して考える風潮があったからかもしれない。」といわれているし、結城令聞『唯識三十頌』（大蔵出版）では、①梵語の格の変化、②パリナーマという語の意味、③教理の面という三の角度から説明されている。いずれにしても今後の研究をまつしかないように思う。

私は、玄奘三蔵ほどの方が、わけもなく勝手な解釈をほどこされる筈はなく、なんらかの理由によって〈能変〉と訳されたのだと思っている。その理由を明らかにする力は私にはないが、三蔵が唯識修学の途上、〈こころ〉の能動性への深い驚きを持たれ、その学仏道上の体験に基づいて万事承知の上で、〈能変〉と訳されたのだと信じている。所詮推察にすぎないのだが、唯識専門用語の翻訳としては根幹にかかわる大切な語のことであり、なおざりに訳語が決められることはないだろうと思う。『成唯識論』についていえば、なにしろ翻訳全体が、十師の説を取捨選択しながらの合糅《ごうにゅう》訳であった。重要単語に三蔵の見識がにじみ出るのは当然のように思う。

そして私は、その訳された語を通して、三蔵の真精神を求めていきたいと思う。

私は、唯識仏教の〈こころ〉理解の特徴の一つに、「能動的なものとして捉えられている」というのをあげるのであるが、それはこの語にまつわるこのような事情を踏まえてのことである。

「三」とは、初能変《しょのうへん》・第二能変・第三能変をいう。〈初能変〉とは第八阿頼耶識《あらやしき》、〈第二能変〉とは第七末那識《まなしき》、〈第三能変〉とは前六識である。つまり八識全体が一つの力用をもって能動的にその人を変え、その人の世界を変えるものとして理解されている。

われわれの周囲には、われわれをとりまいて無数の事物が存在している。われわれは、そこから発しられる情報をまず受動的に受容し、その後、能動的に対応すると思っていないだろうか。

唯識仏教は、そうではないという。常識的には受動的に外部からの情報を受け入れる器官と思われている五官のはたらき自体に、すでに能動性が大きく作用しているというのである。それを第三能変というのである。

太陽も月も星も、山川も草木も、そして有情も、森羅万象ことごとくのもの＝所変の相は、わずか三の〈こころ〉によって造りだされるというのである。

5、三つの〈こころ〉（Ⅱ）（第二頌第一・二句）

謂異熟思量　謂《いわ》く異熟《いじゅく》と思量《しりょう》と

及了別境識　及び了別境識《りょうべつきょうしき》となり

それは、異熟識と思量識と
及び了別境識とである。

つまり前の頌で、〈三能変〉という形で紹介された〈こころ〉の具体相が示される。

初　能変＝異熟識（第八識）
第二能変＝思量識（第七識）
第三能変＝了別境識（前六識）

〈異熟識《いじゅくしき》〉は唯識の捉える八識の最も根本となる第八識の一名である。「異類にして熟す」という意味で、「過去を背負える自己」である。人は過去を切り捨てて生きることはできない。生い立ちを離れていまの私はない。人格の根底には、過去が生き続け、その過去が現在として熟成している。現在の自己は、過去の集積だともいえる。人は背負い込んだ過去の自己に基づいて、現在の自己を変え、自己の世界を変える。まず第一に、そこから自己が変る。さまざまの経験を蓄積している人は、豊かな世界をもっているが、蓄積されていないものはその世界に現れてこない。

第二の〈思量識〉とは、文字通り思い量る〈こころ〉である。なにを思うのかというと、後に詳しく学ぶことになるが、自分のことである。いつも自分を愛し、自分にこだわり、自分を軸とした狭い角度でのみ思考し行動する。自分の損得、自分の好き嫌いを離れることができない。広い視野に〈こころ〉を開くことができない。なにごともすべてのことを自分という小さな枠組みのなかに閉じ込めてしまう。精神的な視野狭窄である。ここで人もその世界も狭隣なものに変わってしまうのである。

一番根底では、自分の歩んできた過去によって人格性が限定される。それが〈初能変〉。その上で、自己中心的思考によってさらに限界が狭まり歪曲されていく。それが〈第二能変〉。

〈了別境識〉は対象（境）を明確に分析しながら認識をする〈こころ〉である。具体的には、眼識《げんしき》（視覚）・耳識《に》（聴覚）・鼻識《び》（嗅覚）・舌識《ぜっ》（味覚）・身識《しん》（触覚）の〈前五識〉と〈第六意識〉（知・情・意）である。ここで認識はまた枠組みを加えられる。五官の機能や能力によって識別する範囲が限定されるし、知・情・意の力用の違いによって理解の範囲や精粗が変わっていく。どんなに目をこらしてみても人間には紫外線も赤外線もエックス線も見えない。物と物との間に働く力も見えない。また興味も関心もないものには、目も止まらないし意識も向かない。つまり知識や教養や趣味嗜好などその人の持つ人格的傾向が、認知する範囲を限定するのである。それで〈第三能変〉といわれるのである。

しかもこの人間理解の大切なことは、〈初能変〉と〈第二能変〉は、潜在的な深層の領域のものとすることである。つまりわれわれの人格を八層の重層的なものとする理解の角度から見ると、そのなかの二の識、つまり四分の一が深層のものとして捉えられており、〈第三能変〉という角度からすると、実に〈こころ〉の三分の二が深層のものと考えられているのである。

〈こころ〉を重層的のものとする理解は、〈こころ〉を実体視する危険性があるが、理解のための一つの方法である。

四、奥深い人格の底　阿頼耶識（第二頌第三句―第四頌）

初阿頼耶識
異熟一切種
不可知執受
処了常与触
作意受想思
相応唯捨受
是無覆無記
触等亦如是
恒転如暴流

初《はじめ》のは阿頼耶《あらや》識なり
異熟《いじゅく》なり一切種《いっさいしゅ》なり
不可知《ふかち》の執受《しゅうじゅ》と
処《しょ》と了《りょう》となり常に触と
作意《さい》と受と想と思《し》とともなり
ただ捨受《しゃじゅ》とのみ相応す
是《これ》は無覆無記《むふくむき》なり
触等《そくとう》もまた是《かく》の如し
恒《つね》に転ずること暴流《ぼる》の如し

阿羅漢位捨　阿羅漢の位《くらい》に捨《しゃ》す

初能変は阿頼耶識である。
異熟識ともいい一切種子識《いっさいしゅうじしき》ともいう。
所縁は不可知の執受（種子・有根身《うこんじん》）と不可知の処（器物の世界）であり、
能縁は不可知の了別の〈こころ〉である。
常に触《そく》・作意・受・想・思の五遍行の心所とともに働く。
受でいえば捨受（非苦非楽《ひくひらく》）であり、
三性《さんしょう》（善・悪・無記）でいえば無記である。
ともに働く触等の心所もそれにつれて、
阿頼耶識と同じ性質をもつ。
恒に激しい流れのように動きつづけている。
阿羅漢の位で阿頼耶識とよばれる性質は捨てられる。

1、初能変の三の角度　阿頼耶識・異熟識・一切種子識（第二頌第三・四句）

前の頌では、初能変は異熟識だといわれたのであるが、初能変を詳説するここでは、改めて「阿頼耶識」「異熟識」「一切種子識」という第八識の別名を列記する。名称はそのものの性質や機能を表すものだから、この三名によって表される三面の第八識が、特に重視されていると考えてよいであろう。

2、蔵の三義　能蔵・所蔵・執蔵

まず第一は〈阿頼耶識〉とは何か。

〈阿頼耶〉とは、「蓄える」「保持する」などの意味の梵語を、漢字で音写したものである。その音写語に、〈こころ〉を表す「識」という字を結びあわせて、中国では〈蔵識〉と翻訳した。つまり〈阿頼耶識〉とは「ものを蓄積し保持する〈こころ〉」ということになる。

「阿頼耶識」は、伝統的には「あらやしき」と読むのがならわしであるが、最初は「あーらやしき」と読んでいたのではないかと思う。それは「阿」という字は、『倶舎論』巻四に「あー」とのばす音を表す時につかわれており、のばさない「あ」は「亜」という字で表記されているからである。『倶舎論』も玄奘三蔵の翻訳であるから、「阿」はのばして読んでいたのかもしれないと思う。しかしいまは「あらやしき」と読むのがならわしである。ただ梵文の研究が盛んな現代では、「アーラヤ識」と表記する例がふえている。

その阿頼耶＝蔵《ぞう》という性質は、第八識の「自相」であるといわれるので、第八識の独自の性質だといってよいであろう。蓄積し保持する性質、人間をその経験の角度から捉えたものである。

『成唯識論』は、人間の経験構造を詳説した『論』であるが、唯識のみすえる重要な人間観を示すものである。

『成唯識論』に従うと、その「蔵」という性質は、さらに三に分析される。

能蔵《のうぞう》＝┬能―阿頼耶識　持種義
　　　　　└所―種子

所蔵《しょぞう》＝┬能―七転識　受熏義
　　　　　└所―阿頼耶識

執蔵《しゅうぞう》＝能―末那識　執我義
所―阿頼耶識

〈能蔵〉は、〈阿頼耶識〉が、〈種子〉を保持する一面である。阿頼耶識が種子を包み込み、その種子を保持し続ける面である。包み込むのが阿頼耶識、包み込まれるのが種子ということになる。それを能（働きかける方）と所（働きかけられる方）とに分ければ、〈阿頼耶識〉が「能」、〈種子〉が「所」ということになる。人間は自分の素質や能力と経験を人格の根底に刻み込み保持し続ける。保持し続けられている〈種子〉に基づいてさまざまの人生模様を展開する。その面を〈能蔵〉というのである。種子を保持するという面なので「持種《じしゅ》の義」といわれる。

〈所蔵〉は〈阿頼耶識〉が、こんどは受け身に転じた一面である。働きかける「能」の位置に立つのは七転識（眼《げん》・耳《に》・鼻《び》・舌《ぜつ》・身《しん》の前五識と意識・末那識）であり、受け身の「所」の位置に立つのが〈阿頼耶識〉となる。つまり、具体的にさまざまの動きとして活動するのは〈転識《てんじき》〉であるが、転識はその動きをことごとく人格の深層に投げ込んでいく。つまり「能」の位置に立つ。それに対して〈阿頼耶識〉は転識より投げ込まれてくるものを受け止めるという位置に置かれるので、「所」ということになる。投げ込まれてくるのを〈種子〉といい、それを受入れ人格の根底にとどめるのを〈熏習《くんじゅう》〉というので「受熏の義」という。〈種子〉〈熏習〉については後述。

〈執蔵〉は、執着される側面である。執着する、つまり「能」の位置に立つのは〈第七末那識〉であり、執着される「所」の位置に立つのは〈阿頼耶識〉である。〈阿頼耶識〉は人格の根底となる部分を分析し剔出《てきしゅつ》したものということができるが、したがってその性格はあまり大きな変化や転換はなかなかなく、その人の特性が統一持続されるので、その自己像が不変の自己のように錯覚されやすい。昨日の自分と今日の自分とは同一人物だと思っているし、それどころではなく子どもの頃の自分と今日の自分との間にさえ、変化を超えた統一的人格像をわれわれは無意識裡に確信しているものである。そういう人格の深いところにみられる人間の営みを、唯識仏教は〈阿頼耶識〉〈所〉と〈末那識〉〈能〉との関係として捉えたのである。それが〈執蔵〉であり、したがってそれを「執我の義」という。

能蔵・所蔵・執蔵、これが蔵の三義でありそれぞれに「能」「所」を分析するが、その「能」「所」の関係の中身は違うのである。

そしてこの「蔵」の三義を見ると、阿頼耶識は「所」の性質の強いことが分かる。人間存在の根源にある受け身性がそこに見られるように思う。宗教とは自己の底にある「所」

の側面に開眼することではなかろうか。

3、過去を背負える自己　異熟

〈阿頼耶識〉という第八識の一名の次に挙げられているのは、〈異熟〉という別名である。これは、人格の根底に「過去との関係」を発見したものである。

人は過去を切断して生きることはできない。なんらかの意味で、過去を背負い過去をひきずりながら生きねばならない。その一面をとらえたものである。

『述記』には、「異類にして熟す」と定義されている。過去が性質を変えて、現在に成熟し顕現するというのである。だいたい〈異熟〉という概念が難しく、よく「因《いん》是《ぜ》善悪《ぜんまく》、果《か》是《ぜ》無記《むき》」という語が紹介される。善悪の人間の行為が原因となって、人の人格は形成されるが、その結果として結実した自己、つまり現在の自己は無記であるという。〈無記〉とは非善非悪のことであるから、現在の自己は善悪のいずれでもないものというのである。

人間の根底を善とすれば、なぜ悪があるのか、善の所にどのようにして悪が起きるのかという疑問がでよう。また逆に人間が根底的に悪とするならば、善の行為の根拠はどこに求められるのか。人間の転換や回心、あるいは転落の可能性を探すかぎり、無記という人間理解は論理的な整合性を持つ。無記だから、どちらをも含みどちらへもいけるのである。

これについては、後に〈阿頼耶識〉の無記の性質を説くところであらためて触れることになるが、人間がもし本来的に善・悪いずれかの性質のものとするならば、善・悪とか、流転・還滅《げんめつ》という相互に矛盾する行為の根拠の理解ができなくなる点を指摘している。

それは理論的整合性のみが理由ではないように思う。修道上のこの現実存在としての人の生命への深い省察が背後にあるように思う。

とにかく人は過去を背負いながら生きている。その過去とは、自分の過去でもあるが、祖先や人類のたどってきたことごとくの過去をも含むものである。

過去との関係で第八識を捉える時、それを「異熟識」というのである。

4、未来へ向けて　一切種子識

第三に挙げられているのは、未来との関係で捉えられた〈一切種子識〉である。「一切」という字をはずして「種子識」といわれることが多い。

第八識は、「蔵の三義」で見たように、七転識から投げ込まれてくる種子を受け入れ保持する。すなわち〈熏習〉する。熏習された種子は、縁に触れると具体化して表面に現れる。すなわち「現行《げんぎょう》」する。われわれのすべての行為や思考は、ことごとく自分の奥深くに保持されている種子に起因する。われわれは、自分も自分の世界も皆自分の中から創造するのである。そういう意味で、これは未来との関係ということができる。未来は、どこかから、誰かが運んでくるのではない。自分が自分の中から創りだすのである。

第八識の〈阿頼耶識〉と呼ばれる一面、〈異熟識〉と呼ばれる一面、〈種子識〉と呼ばれる一面、この三面を、それぞれ第八識の「自相《じそう》」「果相《かそう》」「因相《いんそう》」という。まとめて「三相」という。

「三相」は別々にあるのではない。そこにあるのは統一体として生きる一人の人格の生存そのものである。それを仮に三面に開くのである。

そこでこの三面を重ね合わすことによって浮き出てくるのは何かというと、現在の人間の経験構造である。

人間はそれぞれ自分の過去を背負って生きている。これは否定できない。しかしではその過去の影響力は決定的、絶対的なものであろうか。

もし決定的、絶対的であるとすると、自分の人生を主体的に創りあげるという一面が非常に弱くなる。過去に過誤をおかしたものは、永久にそこを脱出できないことになる。運命論とか宿命論、あるいは決定論などと呼ばれるような、過去の影響力を無限に絶対視する見方に陥ることになる。そこを打開しなければならない。

その打開の鍵をにぎっているのが「自相」である。現在只今の経験、つまり現在の自分の行動によって、過去が転換できる、そのことを示唆するのが「自相」の経験構造ではないのだろうか。過去の大きな影響力のもとにある自己が、現在の経験の力によって、それを継続もし展開もし、また逆転もできなければならない。そうでなければ人間が変わるとか宗教的回心などの人間の転換が捉えられないことになる。

その鍵になるのが「自相」=〈阿頼耶識〉=「蔵」などの教説であろう。

「自相」のところを軸にして過去が変り現在の自分が変るということは、未来との関係も変ることを意味するであろう。

第八識の「三相」は、このように人格の転換という角度から捉えられた人間の真実であろう。

ではその経験はどのような構造のものとして捉えられているのか。『唯識三十頌』には詳しくは述べられていない。しかも経験は非常に重要な位置にある。そこで『成唯識論』は相当の字数をさいて〈種子〉〈熏習〉論を展開する。

われわれもまた、それに従って経験がどのように捉えられているかを学ぶことにしよう。

5、種子とは

『三十頌』では〈種子〉についても〈熏習〉についてもほとんど触れられていない。しかし『成唯識論』は、〈阿頼耶識〉三相のうち、因相─つまり現在を因とし未来を果とするという第三の「一切種子識」の説明のなかで、「種子」論「熏習」論を詳しく論述している。

〈種子〉〈熏習〉とは、ことばを変えれば経験論の問題である。経験によって人が作られるのである。

人間の探索において経験を尊重する『成唯識論』としては、『三十頌』にはほとんど説かれていなくとも、〈種子〉〈熏習〉について論述もし、強調もしなければならなかったところである。人間を経験者として見るところである。しばらく『成唯識論』にしたがいながら説明を聞こう。

〈種子〉とは何か。まず唯識では「しゅうじ」と読む。同じ文字を密教では「しゅじ」と読む。同じ文字でも読み方を変えることによってその意味の違いを明らかにしようとしたのである。梵語ビージャの翻訳。ビージャは植物のことであるようだ。植物の種が条件がととのえば芽をだし葉を茂らせ花を咲かせるように、人間は自分の経験を自分の人格の根底に保存し、それが縁に逢うとその人の行為として表面に現れるという働きをする。その保持される経験の痕跡を〈種子〉というのである。『成唯識論』は「生果《しょうが》の功能《くうのう》」と定義する。「功能」は「ちから」「作用」などの意味を表す語であるから、「結果を現すちから」あるいは「結果を生み出す作用」というほどの意味となる。注意する必要があるのは、〈種子〉という言葉から、なにか核のようなもの、胡麻粒のようなものを連想してはならないということである。どこまでも「ちから」であり「はたらき」であり、エネルギーである。善い行為をすれば、人格の底にそれが蓄えられてだんだん善い行為を生む力の強い人格となっていき、当然逆をすれば逆の結果の人格ができあがるのである。

「生果の功能」これがまず〈種子〉の基本の性質である。

『成唯識論』は種子と認められる条件を整理して「種子の六義」を説いている。

次の通りである。

一、刹那滅《せつなめつ》＝生じて即座に滅っするもの。

二、果倶有《かくう》＝表層の心の動きと同時的に存在してそれを支えるもの。

（それは表層の心の動きと時間的にずれない。）

三、恒随転《ごうずいてん》＝長時間同じ性質が持続するもの。

四、性決定《しようけつじよう》＝善・悪・無記の性質が決まっていて変らないもの。
（従って条件によって性質の変る七転識は該当しない。）
（異なった性質の間に因果を認めない。）
五、待衆縁《たいしゆえん》＝多くの縁に出会うことにより力がますます強くなるもの。
（これは縁によって起きることを認めぬ説を除外する。）
六、引自果《いんじか》＝ものはもの、心は心というように別々に果に働くもの。
（ものが心の因となったり心がものの因となるなどの説を認めない）

この六種の条件を満たすものを〈種子〉とするのである。ただこの六項目の条件は、常にいつも全部そろっていなければならぬというものではなく、ある程度の時間的な幅が容認されている。それを「多念容有《たねんゆうう》」という。

一番大切なのは、自己とそれを囲むすべての存在を、有為法《ういほう》すなわち生滅するものとし、自己の現実存在とのかかわりのなかに一切法を捉えようとしていることである。たとえば仏心を起こすというのも、自己の底に潜在する有為法たる無漏《むろ》種子に根源を求めるのであって、一乗仏教のように仏性・法性・如来清浄心などのような永遠不変の真理性にいきなり根拠をおこうとしない。事実に即する『成唯識論』の基本的な姿勢がここにも示されているといってよい。

次に〈種子〉を性質によって分けた四の分類を見る。

第一説は〈本有《ほんぬ》種子〉と〈新熏《しんくん》種子〉である。

「本有」とは先験的生得的一面、つまり経験によって得られたものではなく、経験以前に備わっている力である。受胎の時、すでに身に備わっているという。『論』は「本来的にその性質を持っている。熏習によって生じるものではない」という。

〈新熏種子〉は、経験によって習得される力である。

〈本有種子〉は、個人個人の持つ素質・能力を強調する立場であり、〈新熏種子〉は、環境の影響を重大視する立場である。

『成唯識論』はその両方を兼備すると考える。穏当な説だと思う。その当時には、〈本有種子〉だけで人間を理解しようとする護月《ごがつ》（伝不明）の「唯本有説」があり、また環境の影響や経験の集積を重く見た難陀《なんだ》の〈唯新熏説〉も伝えられている。そういう状況のなかで『成唯識論』は、「本有」「新熏」の両方を認めるのだが、それは単に両説を折衷統合したということではなく、深い宗教体験の裏づけがあって「種子に各々二類あり」という断言が生まれたと見たい。

人はそれぞれ一つの器を与えられている。それは受け取らねばならない。その器をどこまでどのように磨きあげるかが問題なのである。

第二の種子説は、〈名言《みょうごん》習気〉〈我執《がしゅう》習気〉〈有支《うし》習気〉である。〈習気〉は「じっけ」と読む。〈習気〉は梵語ヴァーサナーの訳。『論』に「種子は習気の異名なり」とあるので、同義語として使われることが解る。しかしはっきり区別して使われる場合もある。その時は、〈種子〉よりもなお一層微細な余香のような面を指すといってよいであろう。音はすでに消えているのに、わずかに後に響く残響のようなものともいえるであろうか。

〈種子〉と〈習気〉が、はっきり区別されるのは、修行論においてである。煩悩の現行は「伏《ぶ》する」といい、種子は「断じる」といい、習気は「捨する」という。〈習気〉は〈種子〉より一層微細なものと理解されていることが解る。

ここは同義語として理解してよいところである。

〈名言習気〉は、文字通り「言葉」「言語」である。種子あるいは習気は〈熏習〉されるというが、いったい具体的には何が熏習されるのかというと、第一は「言葉」である。「言葉」は意味を持つ。意味を持った「言葉」は、意味付け、価値観、文化等を内在している。「言葉」を記憶するということは、実はその意味付けや価値観・文化などを蓄積することである。そして蓄積された価値観や文化などは、その人の人格を形成し、認識や発想や行動を規定していく。人格の底に、蓄積するものの違いによって、ものの見え方や感じ方が変る。インドの人たちにとって、ガンジス河の水は神聖である。日本人にはそうは見えない。蓄積する文化が違うのである。

『論』はこれを二つに分ける。一は〈表義名言《ひょうぎみょうごん》〉であり、二は〈顕境《けんきょう》名言〉である。〈表義名言〉は、はっきりとした意味を表す言葉である。〈顕境名言〉は印象・心象とでもいえばよいであろうか。『論』には「能く境を了する心・心所である」といわれている。われわれの認識をふりかえってみると、「ことばではうまく表現できない」が、イメージ・映像・印象・心象のような漠然とした形で心の底に刻みこんでいるものがある。漠然としていて明確に言語化できない、しかしわれわれの認識活動にきちんと参与している。そういう領域を指すのであろう。

〈表義名言〉も〈顕境名言〉もわれわれの認識活動が、ゼロから始まるのでないことを示唆している。われわれの認識は、われわれの内側にあらかじめ蓄積されている価値観や意味付けによって始まるのである。

〈我執習気〉は、自我に基づく人間の行為が蓄積される点を示す。これにも二種がある。一は倶生《くしょう》の我執であり、二は分別の我執である。〈倶生の我執〉は受胎とともに生命の底に与えられている我執であるから微細であり、かつ深い。断じることも難しい。

〈分別の我執〉は経験の蓄積という形で人格のなかに集積したものである。その意味では〈倶生の我執〉に比べて断じやすいといえる。

このような〈我執習気〉があるから、われわれの認識も行為もきわめてエゴイスティックになる。我執習気によって利己的な行為を生み、その行為によってますます利己性を深め、それによってまたエゴイスティックな行為を強くしていくのである。

第三は〈有支習気〉である。人格形成にとって強力に影響するのは、その人の善悪の行為である。『論』はこれを二つに分けて第一有漏《うろ》の善、第二不善というが、この二が人格形成に対して直接的な大きな力を持つのである。不善は悪と同義であり、その結果は人格の損減となる。マイナスの結果を招く。〈善〉については、「有漏」という条件がつく。〈善〉には①有漏の善と②無漏《むろ》の善とがある。〈有漏〉とは「煩悩がある」「我がある」ということであるから、善には違いがないが、根底には煩悩があり我が潜んでいる。空体験のない凡人の〈善〉である。それに対する「無漏の善」は煩悩がない〈善〉であるから、仏の善であり菩薩の多くの善を指す。

第三の種子説は、〈等流習気《とうるじっけ》〉と〈異熟習気〉である。〈等流習気〉の等流とは、「果、因に似る《の》」と定義されているように、「原因」と「結果」とが同じ性質という関係をもつものである。善の行為によって熏習された種子は善の性質であるが、その善の性質は果として結実するまで変ることはない。善の種子が熏習され保持されている間に悪に変質してしまったというようなことはない。前の〈名言習気〉は、まさしくこれに当たる。〈異熟習気〉は、これに対して原因と結果との性質が違うという習気である。『論』には「果、因に異なる」といわれている。原因は善悪である。善悪の行為が大きな力となって人格を造り上げていく。ところが結果としての人間の生存の実態は、善悪いずれでもない。仏教のことばでいえば〈無記《むき》〉である。古来これを「因是善悪果是無記《いんぜぜんまくかぜむき》」という語でいい表してきた。なかなか理解しにくいところであるが、もし善の行為によって人格性そのものが善となり、逆に悪の行為によって悪となるものとすると、善人が堕落し悪人が善人に生まれ変わるという人間の変容が説明できなくなる。またもし人間が根底的に善であったり悪であったりすると、逆の性質が摂まらないことになる。善人がどうして悪の性質を持つのか。悪人が善の行為をどのようにして起こし得るのか説明ができないのである。果としての現在の自己は、善悪どちらでもないから、善悪のどちらに対しても可能性があるのである。

それでは善悪の行為は無意味になるのではないか。善の行為を積み重ねても結果は〈無記〉であり、悪業を積んでも〈無記〉になるというのであれば、善悪の行為を行うことが、人格形成に無関係なものになってしまう。

しかしそうではない。善の行為は、善の種子・習気を残す。種子・習気の性質は変らない。前の〈等流習気〉である。人格そのものは善悪いずれでもないが、その〈無記〉の人格のなかには、善の行為を積み重ねた人は善への傾向が蓄積されており、悪業を重ねた人は、根本的には〈無記〉でありながら悪への強い傾向を持つものとなる。善悪業が無意味ということにには絶対にならない。

そして大切なことは、〈異熟習気〉といっても、それは〈名言習気〉と別に実体があるわけではないということである。〈名言習気〉は性質としては善のものも悪のものも、また無記のものもあるわけだが、その中で特に善悪の習気は、力が強いので、自分は自分として熏習され保持されていくのと並んで、別の性質である無記の習気をも現起させるのであり、その角度から捉えたものが〈異熟習気〉あるいは〈業種子《ごっしゅうじ》〉と呼ばれるのである。

現実存在としての人間の根底にある性質が同一的に持続する一面と、善悪無記の一切の経験を抱摂しながら、しかも常に無記であり続ける一面とを捉えたものということができる。

第四の種子説は、〈有漏種子〉と〈無漏種子〉である。人間の染汚（よごれ）と清浄（きよらかさ）の角度から〈種子〉を捉えたものである。

「漏」とは「煩悩」のことであり、「煩悩」とはつきつめると自我に執着する心の動きであるから、〈有漏種子〉とは、自我に執着する利己的動きによって熏習され、またその利己性を生み出す潜在的力能である。前出の〈本有種子〉〈新熏種子〉には、それぞれ「有漏」と「無漏」がある。受生と同時に与えられる先験的な清浄性は「本有無漏種子」であり、環境から習得した清浄性は〈新熏無漏種子〉である。「有漏」の面でいえば、「本有有漏種子」「新熏有漏種子」がある。「我執習気」は完全に「有漏種子」である。

「有支習気」のなかでは、悪業は当然「有漏」であるが、善業には「有漏」のものと「無漏」のものがあることになる。

〈名言習気〉も「有漏」「無漏」の両方がある。仏・菩薩の言葉は「無漏」であろう。利己性を完全に脱却できていない凡人の言葉は、「有漏」でしかない。

〈習気〉〈種子〉についての主な分析分類は、以上のようにまとめることができるであろう。

6、熏習とは

唯識は人間を経験者として捉えると述べた。では経験をどのような構造で理解するのであろうか。その一つが「種子」論であるが、もう一つは「熏習」論である。

「熏習」は梵語ヴァーサナーの翻訳語。「くんじゅう」と読む。

経験のすべてが人格の根底に蓄積されることである。香りが衣に染み込むように、あるいは霧のなかをいけば衣がいつしか湿ってくるように、いつからともなく、また明確化することもできぬ状態で、しかし確実に人格の中に浸透してその人の人格と世界を形成するのである。『述記』には「熏とは発なり。習とは生なり」とある。人格の底に新しく経験が〈熏習〉されることによって、人格が新しい豊饒な自己を発《おこ》し生じるのである。豊かな自己が生まれるのである。

ではその〈熏習〉されてくる習気・種子を受取り保持するものは何か。それは次の四の条件を具備したものだといわれる。いわゆる「受熏の四義」である。

一、堅住性《けんじゅしょう》＝同じ性質が相続維持されるもの。
　　（性質が安定せず、空気のように存在感のないものではない）
二、無記《むき》性＝価値的に善悪いずれでもないもの。
　　（善悪の性質が明確であると、反対の性質の熏習を受け付けない）
三、可熏《かくん》性＝新しい熏習を主体的に受け入れ保持する柔軟な力能のあるもの。
　　（心所は主体的でなく無為法は理体であるので、種子・習気を受け入れない）
四、和合《わごう》性＝種子・習気を投げ入れてくる心の働きと同時同所に在ってそれと和合できるもの。
　　（他身の行為や時間的に現在とずれたものは和合できない）

この四義を備えたもののみが、種子・習気を受け入れることができ、それを保持できるというのである。

では何が四の条件にかなうのか。

それは〈異熟識〉つまり第八識である。他の七識はこの四義をそなえていないからである。たとえば前六識は、一つの性質を持続することはないし、第七識はそれに比べれば性質は変りにくく、非常に第八識に近い位置にあるとはいえるが、基本の性質が、有覆無記であるから、第八識のように純粋な無記―無覆無記―とはいかないのである。したがって受熏の四義を満たさず、熏習を受けるものとならないのである。

『論』はこれに続いて「能熏の四義」を説き、種子・習気を投げ込んでくる主体は七転識だと説くがここでは略する。

さて、この四の条件を充たすものが種子・習気を受容保持することが可能だとされ、それが第八識であることが明らかにされたのであるが、その〈第八異熟識〉と〈種子〉〈習気〉との関係で誤ってはならないことがある。それは、両者は一つのものだということである。種子・習気を実体化して胡麻粒のようなものを連想し、また異熟識を透明なガラスの容器のように考え、ガラス容器に胡麻粒をためこんだようなイメージを描くと誤りである。『論』はその両者の関係を「体《たい》」「用《ゆう》」の関係として説いている。「体」という面でみれば〈異熟識〉であり、「用」の面で捉えて〈種子〉〈習気〉とするのである。〈種子〉とは「生果の功能」であると述べ、力だといったが、自己および自己の世界を生み出す力―用の面を〈種子〉〈習気〉とし、その集積を用に対する体とした時、それを〈異熟識〉とするのであって、〈種子〉〈習気〉と〈異熟識〉とは別ものではない。人間が過去を積み重ねながら、それを根拠として未来に向かって前進していこうとする躍動した現実存在の相である。

〈種子〉〈習気〉と〈異熟識〉との関係に関連して、もう一つ心得ておかなければならぬことがある。それは「種子生現行《しゅうじしょうげんぎょう》、現行熏種子《げんぎょうくんしゅうじ》、三法展転因果同時《さんぽうてんでんいんがどうじ》」という語で表現される〈種子〉と〈現行〉とを同時とする関係である。これは人間の何を表そうとしているのであろうか。人間存在における「隠れたる面」と「顕れたる面」との同時的な関係である。

人間の力能で潜勢的な側面を〈種子〉〈習気〉といい、顕勢的な一面を〈現行〉という。潜勢的な力が、縁に触れて表に現れるのを「種子生現行」といい、その〈現行〉が生じると同時に即刻即座に〈種子〉を〈異熟識〉に熏習するのを「現行熏種子」といい、その顕れる動きと熏習する動きとが同時だというのである。「三法」とは、①現行を生み出す〈種子〉②現れた〈現行〉③その〈現行〉が熏習した〈種子〉である。常識的には①→②

→③というようにその間に、時間の推移を考えるであろう。種子が現行を生じ、現行が種子を熏習するには、たとえどんなに短い時間であるにせよ時間は流れるというのが普通であるように思う。しかし唯識はそれを認めない。それはどういうことか。思うにそれは人間存在において、表面に現れているその人の行動と、潜在する過去の集積とが相互に響きあっていることを示唆しているように思う。

表面と深奥とが「今」という一刻のうえに稲妻の電光のように共動し共鳴しあっているのである。人間における「隠」と「顕」との関係が「三法展転因果同時」であろう。「展転」は「ちんでん」と特殊な読み方をする。時間的にせよ空間的にせよ相互に繋がりあい、関わりあうことを意味する。

以上、「種子・熏習」論の要点を見てきたのであるが、前にも述べたように『三十頌』にはほとんど述べられていないところである。学系を異にする安慧《あんね》『釈論』にも述べられていない。つまり『成唯識論』によって詳細に補足されたといってよいところであろう。人間を経験者として捉える『成唯識論』の基本的な立場が窺えるところである。

7、聞熏習について

種子・熏習について見てきたわけであるが、この際まとめて学んでおきたいことがある。それは熏習のなかでもひとときは大切だと思われる〈聞熏習《もんくんじゅう》〉についてである。

〈聞熏習〉とは、仏法を聞くことである。一般的には聞くという経験はすべて聞熏習といってよいところだが、〈聞熏習〉という場合は、特に「仏法を聞く」という意味を持つことが多い。〈多聞熏習〉ともいう。

〈聞熏習〉について『成唯識論』巻二は次のように述べている。

聞熏習は、ただ有漏の聞熏習だけではない。正法《しょうぼう》を聞いた時、本来的に備わっている本有の無漏種子をたすけて、それをますます盛んにし、世間を超越した純粋な出世心を生む。それを聞熏習という。聞熏習のなかで

1、有漏性《うろしょう》のものは、

①修道で断じられる。

②しかし勝れた人格を作る。

③純粋な出世法の増上縁《ぞうじょうえん》（勝れた助縁）となる。

2、無漏性《むろしょう》の聞熏習は、

①どこかで断じられるという性質のものではなく、

②出世法の因縁（直接的な力）となる。

〈聞熏習〉には「有漏」のものと「無漏」のものとがある。1、「有漏」のものは、最終的には出世心の直接的な力にならないが、勝れた人格は作るので、出世心への助縁（増上縁）となる。2、「無漏」の聞熏習は、出世心の直接的な力となり、人を解脱へ至らしめるという。

正法を聞くという聞熏習に、なぜ有漏のものを立てるのだろうか。それは人間には末那《まな》識《しき》（後述）があるからである。唯識は人間を八識の存在とする。そのなかで末那識は有漏法の根源である。末那識があるから諸識はその影響で有漏性となり、それを離れることは難しい。その故に清浄な正法も、聞くという経験の過程で有漏化されてしまうのである。したがって末那識があるという構造が生きているかぎり、無漏法を無漏法として受容することは難しいことになる。

ところが『論』は「無漏性のものは」といい、「出世法の正因縁」だという。八識という人間観をふまえながら、つまり末那識を是認したうえで、無漏性の聞熏習がありうるというのである。このことは、聞熏習の一部は、無漏性という本来の性質を変えることなく、無漏のままで第八識に届くものがあるということであろう。『述記』はそれについて「もし有漏の聞熏習がなければ無漏の種子は現行しない」と述べている。有漏の種子が無漏を動かすのである。もちろん有漏が無漏の正因になるのではない。間接的な助縁としての増上縁である。『述記』はその間接的な力が無漏の種子を発動するという。このことは、無漏にせよ有漏にせよ、聞法せよと示されていることであろう。

8、無性有情について

有漏の聞熏習について、もう一つ確認しておくことがある。それは「無性有情」との関係である。たとえ無性有情であっても仏教に触れることができるということである。

「無性有情《むしょうじょう》」とは、「本有《ほんぬ》の無漏種子」をもたない人である。清浄性への可能性を本来的にもたぬ人である。裏からいえば吾我名利《ごがみょうり》の念—すなわち自我顕示欲とか自我主張とか、利己性あるいは自己中心的思惟、の強い人といえる。いわゆる「我」の強い人である。そういう人が現実に存在していると断言するのは大乗仏教中『成唯識論』の独創的な思想の一つである。その場合、その人は無漏種子をもたないので、仏と同じ境地に到達することはできないことになる。しかしそのことは、一切衆生の救済が拒否されていることを意味することになり、宗教としてそれでよいのかという疑問が残る。

私は「無性有情」の思想に対して、私的感想であるが二つのことを思う。第一は人間観察の鋭さであり、第二は内省の深さである。

仏教の歴史はそのまま人間観察・自己探究の歴史であったといってよい。どんな教説もそこをはずれることはない。中でも唯識は、人間の現実態に即して観察を深めた仏教の一つの学系である。その現実態への即し方が徹底しているのである。よく唯識を、仏教の基礎学であるとか学問仏教であるとかいって、現実離れのした理論性の高い仏教だと思われていることが決して少なくないし、またそういう面がまったくないというわけにはいかないだろうが、その理論的な矛先が向けられている的は、生死に流転するわれわれの現実態であることは見落としてならないことであろう。そういう現実に即した観察の鋭さが、無漏種子をもたない人間を剔出《てきしゅつ》したのではないか。そういう現実との出会いの体験の中から「無性有情」という思想が生み出されたのではないだろうか。冷徹な眼に捉えられた人間の一側面像である。

さりながら、ここで確認しておかなければならないのは、無漏種子がないということはそのまま極悪罪人をさすのではないということである。無漏種子とは自己の真相である無常・無我・空の真実を証得する力能である。無漏種子を持たぬといっても、それがそのまま直接的に法律的・倫理道徳的に悪人であることを意味しない。見る観点によっては時には勝れた人格者であることも十分にありうるのである。では何が欠けているのかというと、無常・無我という自己の正体の自覚である。何かもう一つ底が抜けていない、さわやかな境地が感じられない、我が強いのである。私はそこに人間凝視の強さを感じる。そしてその能観者は、仏でなければならないように思う。仏のみが「無性有情」ありといい得るのである。

「無性有情」の教説から受け取るもう一つのことは、自己省察の深さである。人は自己の省察を深めるという営為を重ねることによって、自己の深底に染汚《ぜんま》汚濁《おじょく》の自己を発見することがあるであろう。一片の清浄性も真実性も見出だせない自己に出会うのである。他人事ではなく、己の内にである。仏教の正道は己の内側との対決にある。興味をもって他人を観察したり人間を分析したり分類したりするのではない。唯識も心理分析に類した〈こころ〉の研究を詳細に展開するが、それは決して興味本位での人間観察ではない。ただ一度の、二度とないこの人生を責任をもっていかに生き抜くかを求めてのことである。「無性有情」の教説の根本にあるのも、他の人への第三者的観察の鋭さではなく、深い自己との出会いではないのか。「彼には仏心がない」と批判することではなく、「われには一片の仏心もない」という思わずもれる絶望の嘆声が「無性有情」の教説として結実したのではないのか。

実は「自分は無性有情だ」と断言することにも、自分で自分を断定できるという驕りがあるように思い、不用意に口に出してはならないことのように思いながら、とはいえ、自分は無性有情だと仏前でもらす溜め息は認められるのではないかと思う。

それではその溜め息の後に、どのような道が残されるのであろうか。

その一つは、如来の摂取不捨《せっしゅふしゃ》の大願を頼むという絶対他力の道である。しかしその大願の中に「無性有情」は含まれるのであろうか。「無性有情」なるが故に、「捨てない」と如来はおおせになるのだろうか。

ところが『成唯識論』は、その絶対他力の道をストレートに示してはいない。『成唯識論』がその答えとして示しているのは、「有漏の聞熏習」である。

前に引用したところであるが、もう一度ここに挙げよう。

聞熏習は、ただ有漏性のものだけではない。

正法《しょうぼう》を聞く時、有漏の聞熏習は本有の無漏種子に働きかけてそれを豊かにする。聞熏習のなかで、
（1）「有漏性」のものは、
①修道《しゅどう》で断じられる。
②勝れた自己（勝異熟）を感得する。
③清らかな出世法の間接的な助縁《じょえん》となる。
（2）「無漏性」のものは、

①途中で断じられることはない。

②出世法の直接的な正因である。

これを「無性有情」の角度からまとめると、

（1）聞熏習は、正法を聞くことであるが、その多くの部分は有漏性である。なぜなら唯識は、人間を末那識《まなしき》をもったものという構造で捉えるからである。末那識は我執の〈こころ〉の根源だから、末那識のある限り、人は有漏性を離れることは難しい。本来は清浄なはずの正法が汚されて有漏化されるのである。

聞熏習に有漏性のものと無漏性のものとがあるという指摘は重要である。

（2）その有漏化された聞熏習の種子は、長い修行のなかで断じられる。最終的な出世法の力とはならない。有漏は無漏の正因とはならないのである。

（3）無性有情以外の人は、本有の無漏種子をもっている。だから、たとえ熏習されるものが有漏性の種子であったとしても、それが本有の無漏種子へ働きかけてそれを豊かにしていくと考えられる。「有漏の聞熏習がなければ無漏種子は現起しない」（『述記』）といわれている。有漏の聞熏習が大きな働きをするのである。考えてみれば、有漏と無漏とは、我と無我とであるから、相互に相反し否定し合うような真反対の性質のものだ。その真反対の質の有漏の聞熏習が、真反対の性質の無漏の種子を助ける――増上縁《ぞうじょうえん》となるといわれるのであるから、正因ではないにもかかわらず、有漏の聞熏習が非常に大切な役目を負わされていることになる。

（4）ところが無性有情には、無漏の種子がない。正法を聞いても、それを引き受ける無漏の力能がないのである。

（5）それでは有漏の聞熏習は、まったく無駄なのだろうか。そうではない。「勝異熟《しょういじゅく》を感じる」のである。つまり勝れた人格を作るというのである。

「無性有情」以外の人ならば、無漏の種子があるから、有漏の聞熏習も無漏の種子を助けることになり、両方ともが互いに相手を生かしあうことになる。

ところが「無性有情」には、無漏の種子がない。したがってどんなに正法を聞いても、それが助縁となって無漏の種子が豊かになるということはない。有漏の境域を一歩も超えられない。

しかし、そのようにたとえ有漏性のものであったとしても聞熏習は「勝異熟を感じる」というのであるから、まったく無駄でないことを意味する。問題は、その「有漏性の聞熏習が勝異熟を感じる」という原則が、そのまま無性有情にも当てはまるかどうかであろう。

それについては、なんとも説かれていない。無性有情は、はたして有漏の聞熏習によって勝異熟を感じるのか。

もし感じるとするならば、そこに無性有情のとるべき一つの道が示されていることになる。たとえ有漏であろうとなかろうと聞熏習を重ねることである。重ねると仏陀の境域に到達することはできずとも、それを学ぶことくらいはできるのではなかろうか。無漏の種子を現起し根底的に人格が有漏から無漏へ転換するというわけにはいかないだろうが、仏法に触れた人格が作られていくことは認められるのである。

無漏の種子はないのだから、成仏はできない。だが聞法は勝異熟を感じるのである。

そこでここで落ち着いて冷静に考えてみると、仏陀と同列の人格を目指すということのほうがむしろおかしいのではないか。没後二千五百年、世界の人たちにいまなお思慕憧憬される仏陀と同じ人格が、自分も実現できると本気で思う方が間違っているのではないだろうか。

私にはとてもそんなことは思えないのである。

9、所縁について（第三頌第一・二句）

不可知執受　不可知《ふかち》の執受《しゅうじゅ》と

処　処《しょ》となり

阿頼耶識の対象はなにか。

識はどの識であっても必ず対象をもち、対象に働きかけている。識があるということは、同時に対象があるということを意味する。そしてその対象はそれぞれ識によって違う。たとえば眼識の対象は色境《しききょう》（色彩）であり、それ以外のものでは絶対にない。仏果位《ぶっかい》では諸《しょ》根互用《こんごゆう》といって識と境との間に、もっと自由な関係を認めるが、平凡なわれわれの段階では、それぞれ識と対象との関係はきまっている。

それでは阿頼耶識の対象は何か。どんなに深層意識的な〈識〉であったとしても阿頼耶識が一つの識であるかぎり、やはり対象はきまっているのである。

阿頼耶識の対象は〈執受〉と〈処〉とである。

〈執受〉とは、『述記』は「執摂《しゅうしょう》」「執持《しゅうじ》」であると説く。

〈執〉とは、第八識は、種子を「執摂」＝とりおさめ、それを「執持」＝保持するのだが、それが阿頼耶識の対象ということになる。

〈受〉とは、「受領」「覚受」の意味だという。種子と有根身《うこんじん》（身体）とを受領し、それを対象とし、有根身に感覚や心の働きを起こさせるのである。簡単にいえば、〈種子〉と

〈有根身〉とである。

〈種子〉とは、前述のように、①先験的な素質・能力・機根の〈本有種子《ほんぬしゅうじ》〉であり、②成長の過程のなかで学習し身につけた〈新熏種子《しんくんしゅうじ》〉である。それを対象とするということは、それにかかわることである。かかわるというのは、同時に執着を意味すると考えてよいから、人間は深いところで、自分の素質に執着し、自分の経験、つまり過去にこだわりつづける存在だという人間認識に立っていることになる。

それはわれわれに、素質や経験にしっかり足を立てた人生の確立を示していることであろうが、また反面では、自分の人生の限界への自覚が求められていることでもあろう。

〈有根身〉は身体。人は深いところで自分の身体を内側から感じ、それにかかわりながら生きる。内的感覚とでもいうのであろうか。

以上が阿頼耶識の所縁・対象の一つである。

阿頼耶識の所縁・対象のもう一つは、〈処〉である。〈処〉は器界、つまり自分をとりまく「もの」である。阿頼耶識は器界を対象とするのである。しかし、考えてみると「もの」を認識するのは前五識ではないのだろうか。色彩を見るのは眼識であるし、音声を聴取するのは耳《に》識である。香りは鼻識、味は舌識、感触は身識である。「もの」の世界を認識するのは、前五識で十分ではないか。

阿頼耶識というような深くて微細な〈こころ〉が、「もの」を認識するとはどういうことであろうか。

われわれを囲む「もの」の世界は、前五識で捉えられ認識される以前に、阿頼耶識で一度、対象として捉えられ、その上で、前五識の認識が展開する。

端的にいえば、阿頼耶識によって、意義づけられたり、その人の価値体系のなかに位置づけられたりして、それを前五識が認識するというのである。阿頼耶識の認識は、文化のヴェールをとおした認識であるといってよい。

たとえばインドの人たちは、ガンジス河は神聖な河だという文化のなかで育つ。バスや列車でガンジスを渡るとき、河に向かって合掌する姿を見かける。ガンジスで沐浴し、死後は骨をガンジスに流してもらうのが最高の幸せだという。われわれ日本人からすると、濁った水としかみえないその水に頭まですっぽりとつかり、その水で口をすすぐ。唯識的にいえば阿頼耶識のなかに熏習された〈種子〉が違うのである。〈種子〉が違うので見る河が違うのである。「もの」が違うのである。それを「眼識が見る前に、すでに意義づけられた阿頼耶識の認識がある」というのである。阿頼耶識で文化のヴェールをかぶせられた対象を、その後、眼識が見るのである。

こうして言葉で表現すると、時間的にかなりの幅があるような印象をうけるが、阿頼耶識の認識と眼識の認識とは、時間的には同時同刹那である。

これが、阿頼耶識の対象に器界（もの）があるという意味である。ものを見るという単純な行為のなかに、まずその人の備えた素質や能力、文化や価値観があり、それによって「もの」が捉えられ、同時にそれを眼が見るという二重の構造になる。

視力さえあれば、人は皆同じ「もの」を見ているのではない。それぞれ皆別々の世界をもっているのである。

「三界唯心《さんがいゆいしん》」「万法不離識《まんぼうふりしき》」「一切唯識《いっさいゆいしき》」などの語の表すところである。

10、認識の構造　四分義（第三頌第二句）

了　了《りよう》となり。

それではその対象にかかわりかける方、つまり所縁に対する〈能縁《のうえん》〉はどのように捉えられているのであろうか。

『三十頌』では〈了〉という語で表される。〈了〉とは、「了別」ともいわれ、梵語ヴィジュニャーナの翻訳で「識別」をする働きである。

その働きのなかに、四つの働きを捉え、それを〈四分義《しぶんぎ》〉という。すなわち〈相分《そうぶん》〉〈見分《けんぶん》〉〈自証分《じしょうぶん》〉〈証自証分《しょうじしょうぶん》〉の四つである。〈自証分〉は四分の中心的位置にあるので、〈自体分《じたいぶん》〉ともいう。

〈相分〉は所縁、つまり対象化されて捉えられたもの。「境」ともいう。

〈見分〉は能縁の働き、対象化されたものを対象として捉える一面。「花」これが相分、花を花として認識するのが〈見分〉である。

〈自証分〉は、その〈見分〉を内側から認識する一面。花を見ている自分を、内側から自覚的に認識する一面である。〈自証分〉という言い方が認識の構造という角度から捉えたものとすれば、〈自体分〉は、存在という角度からみた場合である。

〈証自証分〉は、さらに「自証分」の背後にあって、〈自証分〉を対象として確認する働きである。

〈四分義〉は大きく分けると、①認識対象である〈相分〉と、②それを対象として捉える能縁の側面、すなわち〈見分〉〈自証分〉〈証自証分〉の二類になる。〈見分〉〈自証分〉〈証自証分〉の三要素はともに主観の側に属するものなのでまとめて「後三分《ごさんぶん》」という。

①相分　　　　　　　　（客観）
②見分・自証分・証自証分　（主観）

四分義について二点を注意しよう。

（1）〈相分〉つまり認識対象は、普通外界に実在し、主観とは別に存在するものと考えられているが、唯識では、主観と不離のものとする。認識対象は認識主観に認識されることによって対象でありうるのであるから、主観の側と不可分なのである。主観の側と不可分だということは、主観の現れだということもできる。〈四分義〉の説に立てば、〈自体分〉が、一方は客観の側に〈見分〉として現れ、一方は客観の側に〈相分〉として現れるという。〈自体分〉が〈見分〉と〈相分〉とに分かれて現れるのを「識体転じて二分に似《の》る」という。『成唯識論』は、識が動くということは、とりもなおさず見・相二分が現れることだという認識論に立つ。ガンジス河の水は、きれいでも汚れてもいない水であって、一部の人はそれを神聖と見、一部の人はそれを濁水と見るのではない。神聖と見る人は、初めから終りまで全部神聖なのであり、濁水と見る人は、完全に全て濁っている。その人の持つ価値観や文化によって、その人独自の対象が見られるのである。

（2）〈証自証分〉が立てられることである。認識活動の構造という点にしぼってみると、〈相分〉〈見分〉〈自証分〉の三分で十分説明がつくと考えられるのであるが、はたしてその上に〈証自証分〉が必要なのかどうか。〈証自証分〉を定立するのは『成唯識論』独特の教説といわれるのであるが、〈証自証分〉が何故必要なのだろうか。〈証自証分〉は、〈自証分〉を確認するために必要だと考えられる。〈見分〉を確認するのは〈自証分〉である。〈自証分〉を確認するのは何か。それが〈証自証分〉だという。しかし、では〈証自証分〉を確認する何ものかがさらにその背後に必要となるのではないかということになり、ではその後はどうかというように背後へ背後へと無限に背後に遡及することになるように思われるのだが、唯識は、それは要らないという。何故ならば、〈証自証分〉を確認するのは〈自証分〉だというのである。つまり〈自証分〉は一方では〈見分〉を確認し、一方では〈証自証分〉を確認するというのである。

それで、〈証自証分〉が定立されることによって、四分のなかで内側同志のかかわりが説明できるのである。〈見分〉は〈相分〉にしか、かかわらない。その〈見分〉にかかわるのは〈自証分〉だが、〈見分〉は〈自証分〉にはかかわりかけない。〈見分〉がかかわるのは〈相分〉だけである。つまり〈相分〉→〈見分〉→〈自証分〉という一方的な関係しか捉えられないことになる。しかるに〈自証分〉と〈証自証分〉との間には、〈自証分〉⇅〈証自証分〉という相互の関係があるというのであるから、そこで初めて内側同志の関係が成立することになる。

四分は、一つ一つの識や心所にそれぞれあるという。「見る」という一つの行為についてみても、眼識そのものに四分がある。識が動くときには、必ず遍行（後述）の五の心所が共動し、その一つ一つにもそれぞれ四分があるというのであるから、それだけでも二十に〈こころ〉の動きが分析されていることになる。共動する心所はその他、別境・善・煩悩・随煩悩等があるわけだから、その一つ一つに四分があるということは、実に多くの要素のからみあいによって〈こころ〉の動きが捉えられていることになる。四分と識・心所の関係はそのようであるから、自分が自分を省みるというような全体的・宗教的自省の次元の話ではなく、論理的な完結性によるものというのが適当であろう。しかし、そうはいっても内側同志の関係という理解はやはり尊重されなければならないように思う。

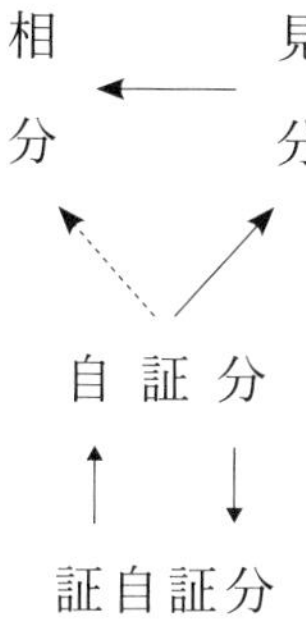

次に〈四分〉と〈熏習〉との関係に触れておく。いま見たように、四分は①〈相分〉＝客観と②〈後三分〉＝主観の側との二つに大別できるわけであるが、その二つの領域は、それぞれ別々に、阿頼耶識に種子を熏習する。①を〈相分熏《そうぶんくん》〉といい②を〈見分熏《けんぶんくん》〉と

いう。名は「見分」となっているが詳しくは「後三分」である。「見分」で代表させるわけである。

たとえば、「本を読む」という経験をとりあげてみれば、その内容が〈こころ〉に刻み込まれるのが〈相分熏〉であり、その感動が〈こころ〉に残るのが〈見分熏〉である。

客観と主観といっても、一つの識体が転変して二分に似るのであるから、全く別々のものではないが、熏習するときには、客観と主観とがそれぞれ〈種子〉を熏習すると考える。本の内容は詳しく完全に記憶してはいないが、良い本であったという感動はいつまでも残るということがある。

次に「四分」についての四の異説を紹介しておく。

①安慧《あんね》説＝一分説（自証分のみ）
②難陀《なんだ》説＝二分説（相分・見分の二分のみ）
③陳那《じんな》説＝三分説（相分・見分・自証分）
④護法《ごほう》説＝四分説

以上〈四分義〉の概略をみた。〈阿頼耶識〉についての論述のなかで話を進めてきたので、うっかりすると〈四分義〉というのは、第八阿頼耶識のみに関連した教説と思われかねないが、いまも述べたように、これは八識の心王と五十一の心所のすべてにかかわる教説である。

11、三つの境　三類境

〈四分義〉が、能縁の主観の分析であるのに対して、〈三類境義《さんるいきょうぎ》〉は所縁である客観の分析である。順序からすると、〈阿頼耶識〉の所縁のところで触れた方がよかったかもしれないが、「四分・三類」と対語のように併記されることが多いのでここで述べる。

〈三類境〉は①性境《しょうきょう》、②独影《どくよう》境、③帯質《たいぜつ》境である。

〈三類境〉説は、『唯識三十頌』にも『成唯識論』にも、その他の唯識論書にも見られず、中国の慈恩大師《じおんだいし》の著作のなかに初めて登場する教説である。おそらく玄奘三蔵がインドで学ばれ、口誦《こうしょう》で慈恩大師に直接伝授されたものであろうといわれている。

慈恩大師の『大乗法苑義林章《だいじょうほうおんぎりんじょう》』『成唯識論枢要《しゅうよう》』中に見られ、「三蔵伽陀《かだ》」といわれる。慈恩大師の弟子慧沼《えしょう》『成唯識論了義灯《りょうぎとう》』はそれを取り上げて注釈をほどこしている。

「三蔵伽陀」は次のとおりである

性境不随心　性境は心に随わず

独影唯従見　独影はただ見に従う
帯質通情本　帯質は情と本とに通ず
性種等随応　性種《しょうしゅ》等は応に随う

昭和の末、奈良薬師寺・安田暎胤師によって、美しい声明の節がつけられた。

〈性境〉とは、直覚的認識で捉えられた対象であり、そのものが自相をもって事実として存在しており、主観の〈こころ〉に左右されない境である。〈性境〉の最もよい例は、前五識の直覚的認識であろう。眼識で「花」を見るというときの、見られている「花」は〈性境〉である。突っ込んだいい方をすれば唯識仏教では、完全に認識主観の影響を離れた認識はありえないのだが、いろいろな思考や推理や連想などを生み出す以前の認識対象である。

その対象は、主観の影響をうけることが少ない。詳しくいえば、主観の「性《しょう》」（善・悪・無記の三性）、「種子」、「三界繋《さんがいげ》」の影響をうけない。主観が善意に満ちているからといって、花が善なる花に変わるということはない。花は花で、主観に左右されることのない独自の自相をもつ。「花」という種子から顕現する。

また有情は、それぞれの業を背負って〈三界〉のどこかに生存していると考えるのだが、その時、〈欲界〉に生存しているからといって「花」が欲界の花になるということはない。

「欲界繋」の影響をうけない。

〈性境〉にはその他①阿頼耶識の相分（種子・有根身・器界）、②前五識と倶に働く第六意識（五倶《ごく》の意識）の対象も含まれる。

そういう特徴を「心に随わず」というのである。

もともと唯識の立場からすると、主観と無関係に存在する対象などはないのだが、眼前に厳然として存在する「花」だとか「本」だとかいうものの認識を、幻想・幻覚などの認識と区別するのである。

第二の〈独影境〉は〈性境〉とちょうど真反対になる。認識主観の性質がそのまま客観に現れた対象である。実際には存在しないのに、観念の領域に幻想したもの。経典では、亀毛《きもう》（亀の甲にはえた毛、そんなものはなく、観念上の幻想にすぎない）、兎角《とかく》（兎の角、これも想像上のもの）などが挙げられる。

その他、次のようなものも〈独影境〉である。

1、観念的な世界を想像する時の対境。日本にいながら想像する南極など。

2、有漏の〈こころ〉で無漏の真理界を対象とする時の対境。有漏の〈こころ〉では無漏の世界はみえない。これが無漏界だと思っている時の対境は、有漏の〈こころ〉の支配下にあるので、無漏だと思っているにもかかわらず実は有漏以外のなにものでもない。つまり〈独影境〉にすぎない。

3、有為法《ういほう》と無為法《むいほう》の関係も同じである。不生不滅・永遠不変の無為法を、われわれが対境として捉えた時には、われわれに捉えられる範囲の永遠性しか捉えられない。つまり「識変の無為法」にすぎない。

この場合の有為法・無為法の関係を「有本質《うほんぜつ》」（『了義灯』）の独影境と見ることもある。独影境は主観の妄想妄念であるから相分は主観の影響を一〇〇パーセント受けるわけで、そこに〈本質〉を認めるということは自家撞着ともいうべき矛盾であるが、反面考えて見ると、有為法が無為法を認識する場合の認識が、いかに妄想性の強いものであるかを見事に表現しえていると見ることもできる。

またこの「有本質」の独影境は、主観の影響を離れた無為法の存在を主張しているわけであるから、次の帯質境の一つと考えることもできる。

この他、第八識相応の心所《しんじょ》の相分《そうぶん》、第六識が、第八識相応の心所の相分を縁ずる時の相分などが数えられるが、あまり細微にわたるのでここでは略す。

このように〈独影境〉は主観の状態—見分にそのまま支配されるので「ただ見に従う」というのである。

このように見てくると〈独影境〉はいわゆるの妄念妄想であり、学仏道のうえからはマイナスの働きだけが想起されるが、プラスの働きもあるのではなかろうか。それは、「夢を追う」とか「未来に理想を求める」などという〈こころ〉の動きは、目前に在るものを見るのではなく、無なるものを対象とすることである。したがって〈三類境《さんるいきょう》〉の説に当てはめると〈独影境〉ということになる。そうすると菩薩の誓願などもここに入るのではなかろうか。誓願とは無なる未来に向って理想を有として立てることである。人類の進化にとって想像力が現実を引っぱっていったという役割はすこぶる大きいと考えるのだが、仏教でははっきり想像力を肯定的に評価することは少ないのではなかろうか。固定化された境域を突破するには、主観の自由な発想の飛躍が要求される。もちろんそれが良い結果のみを造り上げてきたとはいえないが、〈独影境〉にその原動力を求めるのは無理であろうか。後述の〈独散《どくさん》の意識〉もこの〈独影境〉と重なるところがあるように思う。

三類境の最後は〈帯質境〉である。

ものがありながら、主観が勝手に造り上げた対境である。〈独影境〉〈性境《しょうきょう》〉というのは、ものがは、そこに存在していて、その自相を曲げることなく捉えた時の対境であり、〈独影境〉は、逆に主観が勝手に描いた対境である。〈帯質境〉はその中間的な性格の対境といってよいであろう。

「帯」は「挟帯《けったい》の義」（『述記』）といわれ、しっかり身につけることを意味する。「質」

は「本質《ほんぜつ》」。存在するもの自体。ものがそこに存在しているにもかかわらず、そのものを直接対境とすることなく、主観の思いをいろいろ投げかけて対境を造り上げてしまう。ものの自体（本質）とわれわれの捉えている対境との間にズレがあるといってよい。広い意味での錯覚はここに含まれる。

たとえば、テレビの画面を見ている時など、見ているのは平面の画面にすぎないのに、何百キロにも及ぶヒマーラヤの奥行きを見ていたり、マラソンなど、二時間の余、選手の上体が上下に揺れているにすぎない画面を見て、選手は走り続けていると思う。

しかし〈帯質境〉で最も重要なのは、第七末那識が、第八阿頼耶識を対象とする時のことである。阿頼耶識は本来は無我の自己である。しかるに末那識は、無我の阿頼耶識に対して不変の自我の虚像を構築し実体化し固定化し、それに執着する。『論』は「自心の相を起こす」と述べている。

この場合、〈本質〉は阿頼耶識であり、末那識の描く自我像は末那識の〈相分《そうぶん》〉である。〈本質〉は阿頼耶識であるから無我であり、無覆無記《むふくむき》である。〈相分〉は末那識の相分であるから我であり、有覆無記《うふくむき》である。〈本質〉と〈相分〉の間にズレが生じている。

この末那識と阿頼耶識の関係は仏道修学の上で最も重要な〈帯質境〉の一つであろう。

つまり〈帯質境〉は、見分と本質との影響を受けるわけで、それを「帯質は情《じょう》と本《ほん》とに通じる」というのである。

〈本質〉について忘れてならぬことがある。それは、いままで〈本質〉はものそれ自体だと述べてきたが、実は阿頼耶識の〈相分〉であるということである。「相分の本体の形」（『法相二巻鈔』）ともいわれる。

「もの自体」というとわれわれが類推するのは、外界に実在する物自体である。ところがそれは実は阿頼耶識の〈相分〉なのである。ということは、〈本質〉とは外界に実在する物そのものではなく、阿頼耶識によって一つの「意義づけ」のもとに捉えられたものということを意味する。インドの人々にとって、ガンジス河の水は、「聖なる水」であって決してそれ以外の水ではない。その「聖なる水」として意義づけられた「水」が〈本質〉であり、それが阿頼耶識の〈相分〉である。阿頼耶識によって「聖なる水」という意義づけがなされ、〈相分〉として捉えられ、それを眼識が見るのである。阿頼耶識の対象のところをここに重ねながら思い出していただくとその二重構造が浮かんでくるのではなかろうか。

つまりわれわれは、自分の素質や能力、知識や身につけた文化などを超えたものを認識することは永久にできないのである。

三類境義の最後の句は、「性種等随応」である。

「性《しょう》」は善・悪・無記の三性《さんしょう》。

「種《しゅう》」は種子《しゅうじ》。

「等」は「など」、具体的には界繋《かいけ》を指す。「界」は三界《さんがい》（欲界・色界・無色界）、有情がさ迷う世界。欲界に生まれた有情は、欲界に繋がれて欲界の認識をもつ。

われわれの認識は、「三性」にしても「種子」にしても「三界」生存の在り様にしても、それらが認識対象にかかわっていくというのが、「性種等随応」の意味である。

しかしこの句には解釈の違いが伝えられている。

たとえば〈見分〉と〈相分〉は、どのような〈種子〉から生じるのかということについて、幾つかの説がある。
（1）相見同種生説＝〈相分〉と〈見分〉とは同じ〈種子〉から生じるとする説。
「万法《まんぼう》唯識」という立場からすれば、その趣旨に最も沿った説といえる。
（2）相見別種生説＝〈相分〉と〈見分〉とは別々の種子から生じるとする説。
一切法を分ける場合、能縁・所縁とか心・境とか、相分・見分、相分熏・見分熏などとさまざまに分別されるわけであるが、それは他ならぬ〈見分〉〈相分〉の区別を前提としていることであるから、当然、別種生説を立てることになる。

（3）相見或同或異説＝〈相分〉〈見分〉は、ある時は同一の種子から生じ、ある時は別の種子から生じるとする説。これを正義とする。

たとえば、第六識が亀毛などを思う時、つまり〈独影境〉の時は、対象的に捉えた相分も見分と同じ種子から生じるといわざるをえない。つまり或る場合は「同種生」である。

しかし、第八識が〈有根身《うこんじん》〉（身体）を対象とする時は、〈相分〉はそこに身体として存在しているのであるから、〈見分〉と同一とはいえず、別の〈種子〉より生じるとするのである。つまり相見或異ということになる。

三類境義ではこういう問題を非常に精密に議論しており、それだけで大量の検討が必要になる。たとえば、〈相分〉といっても、詳細にみれば、〈相分〉（親所縁々《しんしょえんねん》）、〈本質〉（疎《そ》所縁々《しょえんねん》）があり、これもまた或る場合には〈本質〉があり或る場合にはないなどとなり、問題は錯綜する。そこでここでは、その骨子ともいうべき範囲にとどめたい。

12、知り得ぬ自己、知り得ぬ世界　不可知（第三頌第一句）

以上第三頌の「執受《しゅうじゅ》」「処《しょ》」「了」を見てきたわけであるが、もう一つ大切な語が残っている。それは「不可知」である。

『成唯識論』には、〈執受〉すなわち〈有根身〉（身体）と〈種子〉（素質・経験）は、微細であるから「不可知」であり、「処」つまり、〈器世界〉は広大無量であるから「不可知」であり、「了」つまり〈了別＝〈こころの〉働きは微細だからこれも「不可知」だと述べている。

「不可知」といいながら、文章表現されているのだから、意識化されているといわざるをえず、意識化されている限りは「不可知」ではないといえるのではないかと考えられないでもないが、この場合「不可知」というのは、「その全体をことごとく知ることはできない」という意味である。ある範囲については教えを聞き思考することによって納得はいく。しかし、自分の〈こころ〉の底に具体的にどんな自分が潜在しているのかは自分でも解らない。何かの縁に触れて現起するまでは、自分でもその自分の具体相は知り得ないのである。

自分も自分の環境も、明晰に合理的にすべてを理解し説明できるというような単純なあり方で存在しているのではないのである。

慧沼『成唯識論了義灯』（仏教体系本、二―三頁）には、その点を強調して阿頼耶識を整理する上で、この「不可知」を独立させて一段とみることもできると述べている。

阿頼耶識の整理については、慈恩大師は『述記』で「八段十義」を説かれる。すなわち

⑴自相、⑵果相、⑶因相、⑷行相、⑸心所相応、⑹五受分別、⑺三性分別、⑻心所例同、⑼因果法喩、⑽伏断位次《ぶくだんいじ》が「十義」であり、⑴、⑵、⑶を合わせて「八段」とする。これが法相唯識の阿頼耶識整理の基準である。

弟子の慧沼は、それに「不可知」を一義として独立させることを考えていたのである。人間理解として、重要な提案であろう。

13、阿頼耶識の動き　五遍行の心所（第三頌第二・三句）

第三頌の残りは、阿頼耶識とともに働く心所が述べられる。

常与触　　常に触《そく》と
作意受想思　　作意《さい》と受と想と思とともなり

〈こころ〉はどんな〈こころ〉であっても必ず働いている。静止して動かない〈こころ〉というものはない。もしあるとしたらそれは抽象的に考えられた観念的なものにすぎない。その働く〈こころ〉を分析したのが〈心所〉である。つまり〈こころ〉の作用である。〈こころ〉は具体的には心所として捉えられる。その意味で心所論は自己の具体相である。『三十頌』では後に第九頌から第十四頌にかけて詳細に紹介されるが、阿頼耶識の動く相を知るために、ここでは五遍行《へんぎょう》の心所についてのみ見ることにする。

〈遍行〉とは、どの〈こころ〉であっても動く時には必ず一緒に動く〈こころ〉の作用である。阿頼耶識も識の一つであるから、遍行の心所とともに動く。〈触《そく》〉〈作意《さい》〉〈受〉〈想〉〈思〉の五である。

〈触〉とは「三が和合して変異に分別《ぶんべつ》する」と『論』に定義されている。「三」とは①根《こん》（身体と神経）、②境（対象）、③識（感受作用・識別作用）の「三」であり、この三つの要素が触れ合うことである。根・境・識の三が出会うことによって、認識がはじめて成立する。〈根〉に欠陥がある場合はその認識は成立しにくい。また感受性とか〈識〉別作用が働かぬ時は、やはり認識は成立しない。〈根〉や〈識〉は完全でも、境との出会いがなければこれまた認識ははじまらない。

仏教の根源にある「縁によりて起こる」という真実が、認識成立のスタートラインにおかれているといってよかろう。

〈触〉について注意する面が三つある。

第一は、〈境〉といっても、〈こころ〉の現れたものだということである。〈こころ〉を離れた外界が実在するのではない。

第二は、〈境〉は、〈根〉〈識〉と出会うことによって変わるということである。誰に見られることもなく咲く山奥の一輪の百合の花も、誰かの〈根〉〈識〉と出会うことによって百合の花となる。そのように変わるという面を「変異に分別する」という。（「分別」は、普通「ふんべつ」と読むが、唯識ではこの〈触〉の定義の場合のみ特別に「ぶんべつ」と濁って読むのが習わしである。）

第三は、〈触〉という語は皮膚感覚＝身識の対象を表す時にも使われるということである。つまり「触境」という形で使われることが多い。むしろ〈遍行〉のなかの一つとして用いられることの方がまれである。〈触〉という字に出会った場合はそこをはっきり識別する必要がある。

〈遍行〉の第二は〈作意〉である。「警覚《きょうかく》」という。〈こころ〉が立上がり、特定の方向へ向かって集中した状態である。われわれの認識は、眼の前にあれば誰でもいつでも同じ対象を知るというような単純な構造のものではない。自分の方から「見よう」とか「知ろう」とかいう能動的な働きがあって、始めて認識されるのである。能動的な立上がりのない場合は、あるものも見えない、聞いても聞こえない。

しかしまたその気持ちがありすぎると、あるものを自分の都合のよい方へ歪曲してしまい、正しく見ることができなくなる。難しいところだ。

ところで〈触〉〈作意〉というこの二つの心所の前後関係はどうなのだろうか。まず〈触〉＝接触があって、次に〈作意〉＝〈こころ〉の立上がりがあるとも考えられるし、逆に「〈こころ〉の立上がり」があってそれによって〈触〉が成立するとも考えられる。

興味も関心もないものは、見落としてしまうし、聞き流してしまう。〈作意〉が先だともいえるし、見落とすにしても聞き流すにしても、とにかく対象が対象として浮き上がるという〈触〉の一面が先行しているようでもある。AがあってBがあるというように截然と分析できるようなものではなく、ほんとうは〈触〉＝〈作意〉、〈作意〉＝〈触〉というように一体不可分のものなのかもしれない。

〈遍行〉の第三は〈受〉である。「領納」と注釈する。受け入れること。われわれは、外からの情報を受け入れる場合、自分の感覚や感情を混ぜ合わせながら受け入れるというのである。客観を客観のままに受け入れるということはできない。主観の好悪、趣味嗜好などをかぶせて受け入れるのである。外からの情報を受け入れる場合、唯識はそこに感覚・感情などの動きを発見する。認識の成立に感覚・感情が大きな役目を果たしているとするのである。

〈受〉を三受と五受に分ける。

〈三受〉とは、①苦・②楽・③捨《しゃ》。

〈五受〉とは、①苦・②楽・③憂《う》・④喜・⑤捨。

〈五受〉についていえば〈苦〉〈楽〉は感覚領域、〈憂〉〈喜〉は感情領域に属する。

「識」との関係でいえば苦・楽は「前五識」、憂・喜は「第六意識」の動きになる。〈捨〉とは、非苦非楽、非憂非喜をいう。仏教にはこういう性質の分野を別立し、AかBか、是か否かと二支選択を迫らないところがあり、東洋の面白いところだ。日常生活を振り返ってみると、「善」でも「悪」でもない状態が多く、人間の現実相として無理のない自然な把握のように思う。


〈受〉は〈愛〉を起こすといわれる。仏教では、〈愛〉という語に①プレマンと②トリィシュナーとがあり、前者は善き愛、たとえば「愛語」など、後者は悪しき愛、つまり執著を意味する「愛」がある。〈受〉は「愛」を起こすという場合の「愛」は後者の意味である。

さて〈受〉はわれわれの認識成立の過程で、恣意的な感覚・感情が非常に大きな意味をもつことを指摘しているわけで、客観的、普遍的、合理的認識の成立と別の立場に立つものということができる。

〈遍行〉の第四は〈想〉の心所である。「取像」といわれる。われわれの認識は、外から入ってくる情報を受け身的に受け入れるというだけで成立するのではない。内側から積極的に、すでに自分が持つ範疇によって、その情報を整理しながら理解をするという面がある。それをここで「取像」というのである。表象作用と説明される。表象作用とは「現在の瞬間に知覚していない事物や現象について、心に描く像」(岩波国語辞典)とある。

〈想〉はただ整理しながら理解するだけではない。第六識の場合それを分析し分類しながら同時に言語を与えていく。『成唯識論』では「名言《みょうごん》を施設する」といわれている。外から入ってきた情報を内側から分析し、それに言語をあてはめて、始めて認識が完成する。外から情報が入るのとそれを整理分類するのと同時である。コンピューターが打ち込まれたプログラムによって、外からの情報を整理するのとよく似ている。この場合、すでに与えられているプログラムの能力の範囲のものは整理分類していくが、その範囲を超えたものについては受け入れられない。病名が決るとなんとなく安心するが分からないと不安である。仏教に触れる時も、われわれは自分の能力の範囲で仏教に触れる。その枠を超えることはなかなか困難である。

〈遍行〉の心所の最後は〈思〉である。「造作《ぞうさ》」と注釈される。意志的領域である。認識した対境に対して、行動を起こす〈こころ〉の働きである。行動の根源にある心所である。人間の行動を身業《しんごう》・語業《ごごう》・意業《いごう》の三つに分ける見方があるが、その場合、意業を「思業《しごう》」とし、そこから生じた身業・語業は、思業から起きたものという意味で「思已業《しいごう》」という。その時の〈思〉がこの〈思〉の心所である。

人間の行為の善悪を、その動機の方向から見る「動機論」と、その結果の方向から見る「結果論」とに分けることができるが、仏教は「動機論」をとる。問われるのは、どのような結果が出たかではなく、どんな動機でとりくんだかである。

以上が五遍行であるが、これは文字通り遍く働く心所である。どんな〈こころ〉でも動く限りは、遍行の心所を離れることはない。

阿頼耶識は深い潜在的な〈こころ〉の領域で、不可知としかいいようのない人間の深層であるが、「識」と呼ぶ限りは、対境をもち、それを受け入れ、それに働きかけるという動きをもっている。その動きが、触・作意・受・想・思の遍行なのである。

五遍行の教説から、二つのことを読みとっておきたい。

第一は、認識の成立は知・情・意の三領域の総合において完結するとみていることである。〈触〉〈作意〉については、どう判断すればよいのか急に結論はだしにくいように思うが、少なくとも〈受〉は感情、〈想〉は知性、〈思〉は意志の分野と分けることはできるように思う。そういう眼でみると、われわれの認識は知・情・意の全領域をあげて全人格的総合的な働きによって完成するとみていることが解る。つまり「縁起」せるものとみられている。

第二は、受動的一面と能動的一面とが、渾然一体となって認識が完成するとみられていることである。〈触〉と〈作意〉との順序を決めかねるのもそのためであるし、〈受〉は一見受動的な働きのようにみえるけれども、考えてみると、好き嫌いの感覚・感情は、むしろ積極的、能動的に取捨選択にたずさわっているといえる。好きなものを嫌いだとみたり、反対に嫌いなものを好きだとみることはできない。

14、生存は非苦非楽　捨受（第三頌第四句）

相応唯捨受　　ただ捨受《しゃじゅ》とのみ相応す。

〈捨受〉は前述のとおり非苦非楽非憂非喜である。

では阿頼耶識はその三受・五受のうちのどれなのかという問題である。

答は、〈捨受〉。つまり生きるという事実の底は、苦でも楽でもないという。つまりわれわれは、苦楽いずれでもない生存のうえに、苦楽や憂喜をつくりだしているというのが、唯識の人間理解である。

ところで仏陀の四聖諦《ししょうたい》の第一は「苦聖諦」つまり人生は〈苦〉であるというところから始まる。阿頼耶識は〈捨受〉という唯識の理解は、それとややずれるように思われる。おそらくは生存するものと、その生存のうえに展開するものとの区別が、より詳細にすすめられたからではあるまいか。また〈捨〉という認識は、〈苦〉の方向へと同時に〈楽〉への方向も示唆されていると考えることもできる。

仏教にとって苦楽の問題は、非常に深いと思う。「救われる」とか「助かる」という最後の落ちつきは、知的理解ではなく、感覚的・感情的に安楽を得ることである。安らかに生き、安らかに仏道を学び、安らかに死ぬ、それが仏教と出会ったわれわれの生死の理想の相であろう。

「苦楽」の観点は、見方によれば表層の相のように思われかねない問題であるが、実は宗教にとって深いのである。『唯識三十頌』も最後の第三十頌に〈安楽〉という語を掲げ宗教の極致を示している。

15、透明な自己　無覆無記（第四頌第一句）

是無覆無記　是れ無覆無記《むふくむき》なり

阿頼耶識は〈無覆無記〉であるという三性分別《さんしょう》の一段である。「むぶく」とも読む。〈三性〉は仏教の価値基準である。〈善〉〈悪〉〈無記〉の三つに分ける。〈悪〉は〈不善〉といういい方もする。〈無記〉とは非善非悪である。〈受〉が苦楽捨という三支によって把握されていたのと同じように、これも三支によって捉えられるところが面白い。価値基準が、もしも善悪の二支のみでおさえられていると、やはり非常に窮屈になる。いつも善か悪かと問いつづけられるとすると、息のつまるような感じになる。毎日の生活を振返ってみると、善悪どちらでもない行為のほうがはるかに多い。

「無記」をさらに「有覆無記」と「無覆無記」の二に分ける。「覆」とは「聖道《しょうどう》を障礙し、自心を隠蔽《おんぺい》する」という意味だと『成唯識論』は注釈している。「自心」とは『述記』は1依他心《えたしん》、2法性心《ほっしょうしん》といっている。1は因縁によって生じた現実のわれわれの心であり、2は仏心である。

「有覆」とは、聖道や自心が隠されている状態であり、「無覆」は隠されていない状態である。「有覆無記」は悪ではない。「無記」であるという意味においては善悪いずれでもない。しかし聖道や自心が隠されているという点で善とはいえない。「汚れた〈こころ〉の状態」である。日本語には「お金にきたない」とか「きたない勝負」などという言い方があるが、「有覆」とはそれだと思う。後述の末那識がまさにそれだといってよい。

〈無覆無記〉については「四無記」が説かれる。①威儀無記、②工巧《くぎょう》無記、③通果《つうか》無記、④異熟無記である。

〈威儀《いぎむき》無記〉（「いいぎむき」とも読む）は、行・住・坐・臥である。歩く・止まる・坐る・横になるなどの行為それ自体は善悪いずれでもない。歩きながら善いことをすることもできるが、歩きながら悪いことをたくらむこともできる。しかし歩くこと自体はどちらでもない。

〈工巧無記〉は科学技術とか芸術などの行為である。それらも善悪どちらでもない。

〈通果無記〉は、深い禅定力によって自由自在な行為を起こす〈こころ〉である。それは善悪いずれでもないという。

〈異熟無記〉は、過去を背負う現在の自己は善悪いずれでもないという。唯識ではその人の人格性は善悪の行為によって形成されると考えるのだが、その根底に、しかし形成された現在の自分は、善悪いずれでもなく〈無記〉だとする。

どんなに立派なことをしてきた人も、一人の生命体としてみると、悪業を積み重ねてきた人と少しもかわらない。極悪人といわれるような人の人格性も、人格者と呼ばれる人の人格性も、一番根底にあるのは〈無記〉なる生命である。無記なる生命のうえに、人は善悪業を重ねるのである。人間は、根本的には善悪いずれでもない。

人間をどう見るかということについて、よく知られたものに性善説・性悪説がある。人間は基本的には善人なのか悪人なのか。永遠に問いつづけられる千古の課題であろう。それを唯識は〈無記〉だとするのである。興味深い人間観と思う。いきなり善人だとか悪人だとかきめつけないで、どちらでもないと考えるこの人間観は、無理のない自然な見方のように思う。

人間は根本的には〈無記〉であるということの人間観から、私は二つの宗教的意義を読み取ることができるように思う。

第一は、どんなに善行を積み重ねても「無記」だというのであるから、いつ何時、悪に転落しても不思議はないということである。落とし穴はいつも口を開けてまっている。仏道は無窮《むぐう》なり、一生修行が尊重されるゆえんである。

第二は、どんなに悪業を積み重ねても〈無記〉だというのであるから、それまで積み重ねた悪の行為が許されているということができる。

阿頼耶識は〈無覆無記〉だということは、いつも常に、悪に転落することも、善人に生まれ変わることも、今日只今の自己のありようにかかっていることを意味する。過去の悪業によって人が根源的に悪人になっているとすると、善への可能性が奪われることになろう。善行によって人が根源的に善人になっているとすると、一生自分を磨くことは不要になるであろう。

しかしそれでは、善行を積むことは不要なのであろうか。悪業を積むことも気にする必要はないのであろうか。そうではない。善行を積めば、善への力が蓄積されるし、悪業を繰り返せば悪への潜在力が増すのである。

同類因→等流果《とうるか》という関係は厳然として存在するのである。

発心を百千万発し、日々〈こころ〉を新たにしなければならないのである。

16、〈こころ〉の動きもまた（第四頌第二句）

触等亦如是　　触《そく》等もまた是の如し

「触等」は触・作意・受・想・思。つまり五遍行の心所もまた、このようであるというのであるが、「この」とは何を指すのか。

『成唯識論』に、四つの解釈があげられているので紹介しておく。

第一は、護法別義。つまり護法菩薩によって是認されている説である。「この」という語は〈無覆無記〉という語のみを受けるとする。すなわち「触等の遍行の心所も、心王の阿頼耶識と同じく無覆無記」だとする説で、完全とはいえないが、是認できるという。

第二も護法別義。(1)第八識は〈異熟〉という性質をもつが、五遍行の心所も〈異熟〉である。(2)第八識は、〈所縁〉(種子・有根身・器界)も行相(第八識の働き)も不可知であるように、〈遍行〉の心所も不可知である。(3)〈遍行〉の心所は、阿頼耶識が五遍行の心所とともに働くように、心王と自分を除いた五法とともに働く。たとえば「触」の心所に例をとれば、①阿頼耶識の心王、②作意、③受、④想、⑤思の五法とともに働くのである。(4)阿頼耶識と同じく「無覆無記」とみる説である。

第三は、難陀《なんだ》説である。第二の護法別義に〈一切種〉の性質も加え、種子を保持する力が五遍行にもあるとするのであるが、この説に対しては『成唯識論』は批判的である。心所は〈種子〉を受けいれ熏習することはないというのが原則とされるからである。

第四は、護法正義。(1)〈異熟〉であること。(2)所縁・行相と同じく〈不可知〉であること。(3)種子・有根身《うこんじん》・器界を対象とすること。(4)心王と自法を除いた四法つまり五法と相応すること。(5)「無覆無記」であること、(6)〈阿羅漢〉の位で断捨されること。

前の第二の別義と比較すると、(6)〈阿羅漢〉の位で断捨されるという項目が付加されていることが解る。違いという点からいえば、わずかのことであるが、心所の性質が修行論の角度から捉えられていることを意味し、理論上の興味で思索されているのでないことが分かる。

〈五遍行〉は、このように阿頼耶識と一緒に働くときには、阿頼耶識の性質の多くと共通の性質をそなえることになるが、難陀説のように種子を保持する力までは認められないとするのである。

17、激流のように　恒転如暴流（第四頌第三句）

恒転如暴流　　恒《つね》に転ずること暴流《ぼる》の如し

阿頼耶識は恒に激流のように動いてやまない。

すばらしい一節である。すばらしい比喩である。『三十頌』のなかで、比喩がつかわれているのは二箇所である。一つはここで、もう一つは第十五頌の「如濤波依水」である。両方とも「水」が比喩としてつかわれている。

「暴流」は激しい流れ。滝なのか大河なのか。それとも今も時々襲う大洪水の水であろうか。阿頼耶識は、その激流のように瞬時もとどまることなく激しく流れきたり流れ去るのである。断絶するのでも無く、また常住不変でもない。非常非断であるという。それがわれわれの生命の実相であろう。

この印象深い激流の比喩に対して、『論』は三義を述べている。

第一は、「無始の時よりこのかた、生滅《しょうめつ》し相続して──有情を漂溺《ひょうにゃく》して出離させない」と述べる。輪廻の主体という一面である。生命とか、遺伝子といわれるのに近い見方であろうか。人間を中心にして見ると、普通私という個体があって、それが阿頼耶識を持っていると考える。しかし立場を逆にして生命・遺伝子を中心にしてみると、生命・遺伝子があって、それがある個体と結びついて、その個体を個体たらしめる、そういう見方が可能である。ある時はAという人格と結びつく、しかしAが死ぬとそこを離れて今度はBという個体に乗り移り、BをBたらしめる、そういう個体とのかかわりを無窮に続けていく。「有情を漂溺して出離せざらしむ」という表現は、輪廻の主体としての阿頼耶識の一面を示すもののようである。限りのある個体の存在に対して、それを超えた無限の主体として阿頼耶識を捉えるのである。

第二の意義は、その阿頼耶識が縁に触れると具体的な個体として現起するという角度である。激流が、岩にふれたり風に会うと、千変万化してさまざまの白浪を現すようであるという。これも阿頼耶識が主体として捉えられている一面である。

第三は、暴流が上流からさまざまのものを押し流してくるように、阿頼耶識は久遠の過去の世からの人間の営為を包蔵して、一刻もとどまることなく流れ来り流れ去るとする。実に上手な比喩だと思う。人間の生命の重さや奥行きの深さを見事に表現しえている。

18、阿頼耶識の消えるとき（第四頌第四句）

阿羅漢位捨　　阿羅漢の位に捨す

阿羅漢の位で、阿頼耶識を捨てるという。

この一節には二つの問題がある。一つは、〈阿羅漢位〉とは何かという問題であり、一つは「捨」とは何かという問題である。

〈阿羅漢位〉とは、二つの説がある。一は三乗無学果《さんじようむがくか》の位とする説、二は第八不動地《ふどうち》以上とする説である。三乗無学果とは、声聞四向四果《しようもんしこうしか》（預流向《よるこう》・預流果、一来向《いちらいこう》・一来果、不《ふ》還向《げんこう》・不還果、阿羅漢向・阿羅漢果）の最高位である。声聞は「仏の教えを聞いて学仏道するもの」。地味ではあるが真摯にこつこつと教えを聞いて修行を積み重ねる人たちである。その声聞が知的に無常・無我の真実に覚醒し見惑を断じる段階が「預流」であるが、それをますます深めて修惑《しゆわく》をも断じ、三界の惑をことごとく断じ終わって、無常・無我を体得する智慧の備わった位が〈阿羅漢果〉である。個人的には我執を解脱した立派な人格の完成者である。①応供《おうぐ》（供養を受ける資格がそなわっている）、②殺賊《せつぞく》（我執を断じ尽くしている）、③不退（後退して再び我執をもつことがない）といわれる。欠点は利他行が弱いことである。しかし個人的には清浄な境地に到達しており我執を離れているのである。

第二は「第八不動地以上の菩薩」である。菩薩の修行については後に詳しく学ぶことになるが、無常・無我を会得して以後、十の段階を上って仏果位に到達するという。それを「十地《じゆうぢ》」というが、その第八地が不動地であり、ここに到達した菩薩は我執を現すことはないというのである。

菩薩には①〈漸悟《ぜんご》の菩薩〉と②〈頓悟《とんご》の菩薩〉とがある。①〈漸悟の菩薩〉とは、初め声聞の修行をしていて、〈阿羅漢果〉に到達をした上、利他行に欠けていたことに気付き、利他行を尊重する菩薩の修行に再出発する菩薩であり、声聞の修行を経由するところから「漸悟」と呼ぶ。あるいは声聞の修行から菩薩の修行へと転向するので「廻小向大《えしょうこうだい》の菩薩」とも「廻心向大《えしんこうだい》の菩薩」ともいう。菩薩の修行に再出発したときには、すでに〈阿羅漢果〉を通過しているので我執は解決されている。

②〈頓悟の菩薩〉は、それと違って、声聞の修行を経由することなく、最初から自利・利他両方の菩薩行を修める。この種類の菩薩は我執を背負いながらの修行なので、第八地に到達するまで我執が清算できないのである。

ここで思うことは、〈漸悟の菩薩〉の自利行と〈頓悟の菩薩〉の自利行とは、言葉は同じでも、内容は違うらしいということである。それは、漸悟の菩薩が自利行を完成してその後、利他行を含んだ修行を始めるときには、最初からやりなおすと考えられているからである。〈漸悟の菩薩〉は、声聞の修行でとにかく〈阿羅漢果〉まで到達しているのであるから、自利行という面だけで考えてみれば修行は完成しているのである。そうならば、菩薩の修行を始めるについて、なにほどかの優遇措置がとられてもよいように思うのだが、教説はそうはいわないで、最初からスタートするという。これは何を意味するのであろうか。これは利他行を含んだ自利行と、自利行のみの自利行とは、文字の上では同じでも中身は質が違うということではないであろうか。

自分の解脱を、ひたすら追い求めていく声聞の修行と、最初から、他への敬意を抱いた修行とでは、質が違うといわざるをえないように思う。

では「捨」とは何であろうか。

「捨」とは、第八識の「阿頼耶」と呼ばれる性質の一面が捨てられることである。第八識自体を捨てることではない。では「阿頼耶」とは何であったか。前に学んだようにそれは「アーラヤ」というインドの語の音写であり、「貯蔵する」ということで、「蔵識」と訳されるということであった。そしてその「蔵」とは1能蔵、2所蔵、3執蔵の三蔵があった。1・2は経験の構造であり、3は人間の奥深くに潜む我執の対象となる性格の一面を指していた。汚れた意識の対象となるということは、対象自体に汚れを呼び起こす性質があることを意味する。純粋無垢の清浄なものが汚れた心情を引き出すということはない。汚れた心情を引き出すということは、対象自体にそれと同質の性質が在ることである。我執の根源に働くのは〈末那識〉であるが、それが対象とするのは第八阿頼耶識であるというのであるから、第八阿頼耶識にそれを誘引する性質があるといわざるを得ないのである。そして「捨」とはその一面が捨てられるのである。

つまり〈阿羅漢果〉に到達した人と、菩薩の十地の第八不動地に到達した人とには、我執を引き出すような第八識の性質はなくなっているので、それを「捨」というのである。

一、漸悟の菩薩は、阿羅漢位。
二、頓悟の菩薩は、第八不動地。

そこで我執の対象となるような性質が超えられるとするのである。我執の対象とされる面がなくなったということは、我執を起こす自分が変わったことを意味するわけだから、それは第八識が変わることであり、同時に我執について積極的な役割を果たす第七識も変わることを意味する。つまり、自分が根源的に変わるのである。

19、第八識の三位

このように第八識は、修行の深化につれてその性質を変えてくる。それを三位という形で捉えたのが次の階位である。

一、我愛執蔵現行位《があいしゅうぞうげんぎょうい》 ― 阿頼耶識
二、善悪業果位《ぜんまくごっかい》 ― 異熟識
三、相続執持位《そうぞくしっちい》 ― 阿陀那識《あだなしき》

第一の〈我愛執蔵現行位〉は、文字どおり我愛の対象となって執着される段階の阿頼耶識である。①〈声聞〉の人や〈漸悟〉の菩薩では、〈阿羅漢位〉に到達するまで、②〈頓悟〉の菩薩では、第八不動地に到るまでの間は我愛が働き続け、執着が持続し続ける。我愛や我執は自分の阿頼耶識のなかから生み出される。生み出された我愛・我執は生み出した阿頼耶識を対象として働く。執着される自分とは、所詮その程度の自分にすぎない。〈蔵〉の三義でいえば〈執蔵〉としての自分にすぎず、それを〈阿頼耶〉というのである。

第二の〈善悪業果位〉とは、過去を背負っているという段階である。我愛の対象となる程度の階位は乗り超されてはいるが、過去を背負うという一面はなお持続している。菩薩の十地でいえば第八・九・十地、つまり〈後三地《ごさんち》〉の段階である。〈後三地〉とは、任運《にんぬん》無功用《むくゆう》といって仏法が身に備わり、努力するというような緊張感がなくなり、自然にふるまっていても、それがそのまま仏道にかなっているような境地である。精神の内容からいえばほとんど仏果位とかわらない。しかしそういう境地に到達しても、過去を背負うのである。この段階の第八識は〈異熟識〉といわれる。そこに到達するまで、すなわち第七地までも、過去を背負うという性質がないわけではなく、現に〈果相〉という角度からは〈異熟識〉という呼称もあったのであるが、特に後三地ではその性質が強く現れるので〈善悪業果位〉というのである。

第三の〈相続執持位〉とは、〈究竟位《くきょうい》〉をいう。そこに到ると我愛・我執はもちろんのこと、過去の影響も克服され捨離され、第八識は浄化され、ただ仏の生命を持続するというだけの働きになる。この境地に到達した第八識は「阿陀那識」と呼ばれる。「執持」は「しゅうじ」とも読むが、唯識では、種子と混同しないように「しっち」と読む。

自己が根源的に変化し清浄化される過程を三つの段階に整理したものである。この三位説は『述記』（大系本Ⅱ―五六六頁）の所説である。

20、第八識の二位

次に第八識を〈有漏位〉〈無漏位〉の二位に分ける見方がある。

「漏」とは漏泄《ろせつ》の義。漏れでるという意味。何が漏れでるのかというと、我愛・我執・私意・私情などと呼ばれるものである。「煩悩」あるいは「我」の意識でもある。つまり〈有漏〉とは我・煩悩が漏れでる段階であり、〈無漏〉とは漏れ出ることのない段階、清浄な境域である。前者を「染汚《ぜんま》の第八識」、後者を「清浄の第八識」ということもできる。第八識は変わる。人間は変わるのである。『成唯識論』にしたがって整理すると、表のようになる。

	有漏位	無漏位
三性	無覆無記	善
三受	捨	捨
心所	遍行5	遍行5 別境5 善11
所縁	種子 有根身 器界	一切法

図の心所欄については、後に学ぶことになるので、ここでは心所の名前を紹介するにとどめるが次のようである。

遍行5＝触《そく》・作意《さい》・受・想・思

別境5＝欲・勝解《しょうげ》・念・定・慧

善　11＝信・慚《ざん》・愧《き》・無貪《むとん》・無瞋《むしん》・無癡《むち》・勤《ごん》・安・不放逸・行捨《ぎょうしゃ》・不害

この二位は、人間の転換の図である。人間が根源的に変わるということを示している。それまでは〈無覆無記〉つまり無色透明であった人間が、完全に総ぐるみ善性に変わるのである。〈こころ〉の働きも、有漏位の間は〈遍行〉という五の最小限の働きをしかしなかったものが、より力強い〈別境〉と〈善〉なる動きを具える。〈所縁〉についても、〈有漏位〉では、自分の能力や積み重ねてきた経験や、自分の身体や、自分を軸とした環境世界のみを対象としたものが、一切ことごとくの世界に拡大されている。

根源的には、自己が浄化され昇華されながら、同時に〈こころ〉が開かれ力強さを増すという大転換が己の生命のなかでおこなわれるのである。

唯識では、その大転換を〈転識得智《てんじきとくち》〉、すなわち識を転換して智慧を得するという。含蓄のある言葉である。

ではその転換の中身は何かというと、結論的にいえば、「空」の体験的証得である。「空」との出会いである。

21、第八識の存在論証

唯識仏教が完成するまで、意識下の領域にさらに深く意識と呼ぶべき働きがあることはうすうす感づかれてはいた。『成唯識論』によると、それを大衆部は「根本識《こんぽんじき》」と呼び、上座部は「有分《うぶん》識」、化地《けぢ》部は「窮生死蘊《ぐうしょうじうん》」などと名づけていたといわれる。経量部には「細の意識」という概念もあったといわれる。さまざまの角度から深層領域への挑戦解明が積み重ねられていたのである。しかしそれを組織化して人間観のなかにはっきり位置づけたのは唯識仏教の功績である。

　だがそれが独自の教説であればあるだけ、存在論証は精密でなければならなかった。『成唯識論』は二の文章でそれを行っている。一つは、さまざまの我論を論じるところで、不変的、実体的我がなくても人格の統一持続が何故可能であるかを説くところであり、一つは五教・十理で証明するところである。

　第一は「巻二」の不変的自我の実在を徹底的に批判し、それでは人格の統一がどのような構造で説明できるのかを問うという形で示されているところで、第八識の存在論証の一つとみることができる。すなわち（問一）は、不変的な自我がなくてどうして記憶や比較的な認識の成立や、技術の習熟や報恩や怨念などの人格の持続が成立するのかという問である。すなわち「実我もしなくば、云何ぞ憶と識と誦《じゅ》と習《じゅう》と恩と怨等との事有るをうるや」。それに対して、諸の有情にはおのおの本識《ほんじき》（第八識）が有て一類に相続して種子《しゅうじ》を任持し一切法のためにたがいに因となって熏習する力のゆえにかくのごときの憶識等の事あるを得」と答える。本識は第八識である。つまり不変的な自我が実在していなくても第八識が持続しているので憶等が可能だというのである。（問二）は、不変的な実我がもしないならば、過去の業の報いという因果が説明できなくなるのではないかという。それに対して、諸の有情の心・心所法の因縁力のゆえに、心・心所が持続して断絶することなく、業を造り果を受けるのだと答える。（問三）は、もし不変的実我が存在しないならば、生死に輪廻したり涅槃を求めたりすることが不可能になるのではないかというのであるが、これも実我がなくても、持続する身心があるということで十分可能だという。

もう一つの存在論証は、五教・十理によるものである。仏教には古くから、その正当性を証明するのに（一）〈教証〉、（二）〈理証〉の二面で確証するという方法がとられてきた。

（一）〈教証〉とは、仏陀をはじめとして、先哲古人の教説のなかに根拠となる表現があることを挙げて正当性を主張する方法である。どんなに優れた教説も、先哲古人の教説のなかに説かれていないものは仏教とはいえない。師匠より弟子へという縦系列の証文である。伝統によって正義を証明する一面である。『成唯識論』は1『大乗阿毘達磨経』、2『同経』、3『解深密経《げじんみつきょう》』、4『入楞伽経《にゅうりょうがきょう》』、5大衆部経典・上座部経典・分別論論典・化地部経典・有部増一経などを挙げて教証としている。1から4までは大乗経典、5はそれ以前の経論である。

（二）〈理証〉とは、道理によって主張の正当性を証明する方法である。どんなに優れた教説も、道理によって万人に理解されるものでなければならない。特定の人にのみ分かるというのでは一つのドグマにすぎず仏教とはしない。教証が歴史による正当性の証明であるとするならば、これは知性による普遍性の証明である。

〈理証〉は十箇条挙げられる。その要点は次のとおりである。

一、持種証

すべての存在や認識は、種子が現起したものであるが、もし第八識がないならば、種子を保持する場所がないことになる。

二、異熟心《いじゅくしん》

証異熟心があって、善悪業の果を感受するといわれる。もし第八識がなかったならば、果を感受するところがないことになる。

三、趣生体証《しゅしょうたい》

有情は己の行為の果を受けて五道（地獄・餓鬼・畜生・人間・天上）に輪廻し、胎・卵・湿・化の四つの生れかたをするが、もし第八識がなかったならば、その主体となるものがないことになる。

四、有執受証《うしゅうじゅ》

われわれの身体は感覚や知覚などの働きをもっている。もし先業にひかれ、無記なる第八識がなかったならばその根源となるものがないことになる。

五、寿煖識証《じゅなんしきしょう》

寿（寿命）煖（体温）識（生きた人格を支える力能）の三つは相互に支え会う関係にある。しかもそれは間断があってはならないが、その条件を満すのは第八識である。

六、生死証

有情が生まれたり死んだりする場合は、意識は働かなくなる。しかし生きている限りなんらかの識は働いているといわれなければならない。もし第八識がなかったならばその条件を満すことはできない。

七、名色互縁証《みょうしきごえんしょう》

「名」とは五慈のなかの受・想・行・識の心的領域を指し、「色」とは身体的領域をいう。そして「名」と「色」は相互に支え会う関係にあるのだが、その場合の「識」は、受胎の瞬間から支え会う関係にあるものでなければならず、もし第八識がなければ、その条件にかなうものはないことになる。

八、四食証《しじきしょう》

仏教では、人格を維持するものを「食」といい、①段食②触食（外界との接触）③意思食（希望）④識食の四を数える。この場合〈識食〉は持続して人格を支えるものでなければならず、その条件を満すのは第八識以外にない。

九、滅定証《めつじょうしょう》

深い禅定に入ると、身・語・意が皆働かなくなっていながらしかも生きているという状態になる。もし第八識を認めないならば、この説明ができない。

十、心染浄証《しんぜんじょうしょう》

染浄は心を根本とする。心によって染浄が現起し持続する。そしてその働きはただちに熏習される。もし第八識がなかったならば根本となるものがないことになる。

新説を主張するには、十分な論証が必要であったのである。もちろん新説とはいっても必ず根拠となる経論の証文がなければならず、究極的には仏陀の真意に添うものでなければならないわけだが、新しい角度から光をあてる以上、その根拠が万人に納得いく形で示されなければならないのである。

五、深い利己性　末那識（第五頌―第七頌）

次第二能変
是識名末那
依彼転縁彼
思量為性相
四煩悩常倶
謂我癡我見
併我慢我愛
及余触等倶
有覆無記摂

次は第二能変《のうへん》なり
この識を末那《まな》と名づく
彼に依って転じて彼を縁ず
思量するを性とも相ともなす
四煩悩と常に倶なり
謂く我癡《がち》と我見と
併に我慢と我愛となり
及び余の触等《そくとう》と倶なり
有覆無記《うふくむき》に摂む

随所生所繫　　生ずる所に随って繫《け》せらる
阿羅漢滅定　　阿羅漢と滅定と
出世道無有　　出世道とにはあることなし

次は第二能変である。

この識を末那識と名付ける。

彼を依り所として動き、その第八識を対象として働く。

自分を軸とした思量を持続するのが、本性でもあり現実相でもある。

いつも四根本煩悩《しこんぽんぼんのう》と一緒に働く。

四根本煩悩とは我癡・我見・我慢・我愛である。

その他、五遍行・別境の慧・八つの大随煩悩など合わせて十八の心所とともに働いている。

三性でいえば有覆無記である。

生存の場所に拘束されている。

阿羅漢の位と滅尽定《めつじんじょう》と出世道とにはない。

1、自分にこだわり続ける自我（第五頌第一・二句）

次第二能変　　次は第二能変なり
是識名末那　　この識を末那と名づく

第五頌から第七頌は、第二能変＝末那識である。

初能変というのは、第八阿頼耶識であった。それは「蔵識」と訳されたように、過去を背負い経験を積み重ねながら、未来をめざして生きる人格の根底の〈こころ〉であった。過去を背負うという意味において、一人一人が一つの限定の中に生きている。過去には共通の過去もあるが、その人独自の過去もあり、ある点では共通の世界をもち、ある点ではその人独自の特殊の世界を生きている。一人一人がそれぞれ独自の自分を生き自分の環境をもっているのである。ある面では、人は人とつながっていて共通の理解を持つことができるが、ある面では人と人とつなぐ橋はないのである。

そういう角度からいえば、人は限定され狭められた世界に生きているといわざるを得ない。決して無条件に開かれた世界に住んでいるのではない。

人はそのうえに第二能変末那識をもつという。〈末那識〉は自己中心性の軸ともいうべき〈こころ〉であるから、それは初能変で狭められた世界をさらに狭隘《きょうあい》化する。

では「末那」とは何か。

「末那」とは梵語マナスの音写語。思い量る、思量するという意味といわれる。「思い量る」のが、この〈こころ〉の本性でもあり、また現実の動きでもある。第五頌第四句の「思量するを性とも相ともなす」というのはそのことである。〈阿頼耶識〉が「蓄える」というのが基本の性質であるのに対して、〈末那識〉は「思量する」というのがすべてである。

それでは「思量する」とは、何をどのように思量するのであろうか。それが以下に述べられる末那識論になるわけであるが、一言でいえば〈自我〉を思量しつづけるのである。自分に拘泥し自分を軸にしてのみ思考し他の〈こころ〉にも影響を与える。

『成唯識論』ではどのように思量するのかというのに応えて「恒に、審らかに」思量すると述べている。

「恒に」とは、「いつも」ということであるから、寝ても覚めても「いつも」働きつづけることを意味するが、善いことをするときにも悪いことをするときにもということが当然含まれているわけで、善の行為にも悪の行為にも自我へのこだわりが潜在していると指摘していることになる。自我中心的な動きだから、悪の行為のなかにそれが潜在していても当然のことと思われるが、問題は善の行為の場合である。唯識は善意に満ちた行為のなかにも自我中心的な〈末那識〉がかかわっていることを指摘するのである。

唯識では前六識（眼・耳・鼻・舌・身・意識）は有間断《うけんだん》（働かぬときがある）であるとするのに対して、〈末那識〉は「恒に」＝無間断とする。自分では善意をもって行動しているつもりでも、その奥には〈末那識〉があって無意識裡に自分の損得を計算しているというのである。

『成唯識論』の「審に」というのは、自我中心の計算をいう。「恒に」という末那識の動きは、前六識の有間断という性質と対照的であるが、阿頼耶識と比較してみると共通の性質といえる。阿頼耶識も恒に働く無間断の〈こころ〉だからである。それではどこに違いがあるのか。それがこの「審に」にある。阿頼耶識は「恒に」という点では末那識と共通である。しかしものごとを審細に考えるという点からいえば、阿頼耶識はそういう働きはもたないとされる。そこが末那識と違うところで末那識の利己性が、阿頼耶識との比較において浮き彫りにされる。

「恒」という字で、前六識と末那識との違いを明らかにし、「審」という語で阿頼耶識との違いを明確にするのである。

「恒審思量」という四字は、末那識を独自のものとする宣言ともいえよう。

〈末那識〉は、この『唯識三十頌』で、組織的に捉えられた人間観のなかに初めてその位置を与えられたのである。

それまでも潜在的な我執が気づかれていなかったわけではない。たとえば無著《むじゃく》菩薩『摂大乗論』には、「染汚意《ぜんまい》」という語で示されている。明らかに末那識を指すといってよい表現ではあるが、阿頼耶識と別のものとして捉えられているのか、阿頼耶識の働きのなかの一部分とされているのか明瞭ではない。

また〈無明《むみょう》〉(道理の分からぬ無知性)の分類にも「恒行不共無明《ごうぎょうふぐうむみょう》」というのがあり、唯識ではこれが末那識に働く無明だとする。つまり恒行不共無明との関連のうえに末那識の独立性が示唆されているともいえるのだが、これも明言されているわけではない。

「第二能変」「恒審思量」〈末那識〉などの思想の背後には長い宗教体験の積み重ねや教学の思索の歴史が潜んでいるわけであるが、世親菩薩がそれらの流れをうけて、己の底に潜在する深く執拗な我執を抉《えぐ》りだし、人間構造のなかに位置づけられた、それが『三十頌』の第二能変末那識論である。

2、彼に依って彼を縁ず　所依・所縁(第五頌第三句)

依彼転縁彼　　彼に依って転じて彼を縁ず

第八阿頼耶識を依り所とし、その阿頼耶識を対象とする。

「彼」とは両方とも第八識。「転」とは転起の義、もとのものが動いてもとのものとは別のものになること。「縁」とはここでは対象とすること。

第七末那識は、第八阿頼耶識を依り所とし、第八識が働いて転起し、第七末那識となり、その母体である阿頼耶識を対象として自我の虚像を構画し、それに執着する。そういう構造で末那識が捉えられている。

〈末那識〉は、持続的・潜在的な我執の〈こころ〉である。染汚意とも呼ばれるように決して清浄な〈こころ〉ではない。

ではその〈こころ〉はどのようにして生まれるのか。阿頼耶識から生まれるのである。別の思想の系列では、人間は本来的には清浄なものであり、煩悩とか我執とかいうマイナスの性質は、あたかも外から飛来した塵のような偶然的なものという。それを「心性本《しんしょうほん》浄《じょう》・客塵煩悩《きゃくじんぼんのう》」という。「客塵煩悩」は、偶然性の性質が強いから、吹きとばせば清浄なもとの姿に帰ることができる。

それと比べると唯識は、我執を自分のなかより転起したものというのであるから、マイナスの性質が自分の内側のものとして捉えられていることが解る。利己性は偶然はりついたようなものではなく、自己の根源にかかわるものという認識に立っている。これは重要な自覚である。

『成唯識論』はそれを「倶有所依《くうしょえ》」という教説で組織的に論述している。

護法正義を図示すれば次のようになる。

八識	倶有所依
前五識	①五色根（同境依） ②第六意識（分別依） ③第七末那識（染浄依） ④第八阿頼耶識（根本依）
第六意識	①第七末那識 ②第八阿頼耶識

第七末那識	第八阿頼耶識
第八阿頼耶識	第七末那識

「倶有所依」は「現在」という瞬間に八識のそれぞれが何を依り所としているかを示す教説である。たとえば図の前五識の欄をみると①五色根、つまり身体と②第六識、③第七識、④第八識の三識、合計四つの項目が挙げられている。五識のなかの眼識（視覚）を例にとれば、まず眼根（眼球・視覚神経）という身体的器官を依り所とする。そのうえに第六・七・八識という三つの〈こころ〉が働き眼識をたすけて初めて視覚作用が完成する。五感はそれぞれ身体的器官に支えられており、身体的器官は五識と同じ対象にかかわるので〈同境依《どうきようえ》〉といわれる。五感によって受容された情報は、第六識によって識別され判断されるので、五感に対して第六識を分別の依り所という意味で〈分別依《ふんべつえ》〉という。第六意識はその奥に働く第七末那識を依り所とする。末那識は我執の〈こころ〉であるから、第六識は我執を依り所とすることになる。しかしその我執は自覚され超克されて自己転換の動機ともなり染浄両方の依り所になるので〈染浄依《ぜんじようえ》〉といわれる。その第七末那識は、第

八阿頼耶識を依り所とする。第八阿頼耶識は人格の根本の依り所となるので〈根本依《こんぽんえ》〉という。

この前五識の〈倶有所依〉は、人の〈こころ〉の深さをよく表している。「ものを見る」という視覚作用は、一応はきわめて表面的な〈こころ〉の動きといってよいだろう。しかし〈倶有所依〉という教説は、その一見単純な〈こころ〉の動きのなかに、人格の全体のかかわりを見て取っているのである。一輪の花を見るにも、われわれは今日只今の自分の総力を挙げる。いま、何を見るかということにその人の全人格が露呈している。前五識の〈倶有所依〉はそれを語っている。

さてところで、末那識の〈倶有所依〉に帰ろう。末那識の倶有所依は表のように第八阿頼耶識である。阿頼耶識は〈根本依〉であるから末那識が阿頼耶識を依り所とすることには問題はない。いま見たように我執の〈こころ〉は、どこかから偶然飛来して付着したようなものではなく、人格の底から現起したものという認識に立っている。そのことを読み取ればよい。問題は第八識である。

〈第八阿頼耶識〉の〈倶有所依〉は〈第七末那識〉であるということ、これが問題であろう。第八阿頼耶識は、我執の〈こころ〉である末那識を依り所とするという。我執とは自分を愛し自分にこだわり自分に執着しつづけることである。学仏道の視点からいう限りマイナス領域に属する。ところがその〈倶有所依〉が〈末那識〉だということは、その我執によって阿頼耶識は存在していることを意味する。言葉を変えれば我執によって人格が維持されていることを意味する。末那識が阿頼耶識を依り所とするということだけで末那識の非偶然性が示されているといえるが、阿頼耶識は末那識を依り所とするという把握によって、我執の非偶然的性格が、より明確により深刻に捉えられることになる。

空・無常・無我などの否定面のみの自覚にとどまってしまうと、人生ははかなく空しいものの詠嘆に終わる。大切なことは、その人生を百八十度転換して、肯定的に主体的に生きることであろう。第八識と第七識とが、相互に〈倶有所依〉になり合うということの主張は、そういう問題へのてがかりを与えるように思う。

次に「縁彼」つまり「彼を縁ず」とは何か。末那識の対象は何かという問題である。「彼」というのは第八阿頼耶識だと注釈される。末那識は阿頼耶識を対象として働くのである。『成唯識論』にしたがってより正確にいえば、「第八阿頼耶識の見分《けんぶん》」である。第八阿頼耶識から生まれた末那識は、阿頼耶識を依り所としながら、その阿頼耶識の見分を対象としてそこに自我の虚像を構画し、それに愛着をもち執着しつづけるのである。

では『成唯識論』のいう〈見分〉とは何か。すでに見たように、唯識では心・心所の一つ一つに〈四分〉があるという。四分は心の働きの分析で、根本的には四分すべてが〈こころ〉のなかに包摂される。当然〈相分〉＝対象も〈こころ〉のなかに包まれる。対象といっても決して〈こころ〉の外のものではない。しかしあえて仮に四分を内外に分けてみると、〈相分〉は外であり〈見分・自証分・証自証分〉の三分は内となる。そのなかで〈見分〉は内側の最先端として対象に相い対することになる。阿頼耶識の〈見分〉とは、阿頼耶識の最先端である。換言すれば人格の最先端といってもよい。人格の最先端は現実の自己の最先端である。観念的な自己とか想像的な心象としての自己ではなく、今、ここに、呼吸をし食べ眠り排泄して生きる自己の具体相である。禅でいう臭皮《しゅうひ》袋《たい》の自己である。末那識はそこに我執を生じるのである。

〈末那識〉は、その具体的な生存の自己に執着する。それを〈随生繫《ずいしょうけ》〉という。第七頌第二句の「随所生所繫」のいうところであるが、末那識の我執はきわめて現実的なのである。道を歩くときには自動車が邪魔であるし、自分が自動車に乗っているときには歩く人が邪魔になる。ずいぶんと身勝手なものなのである。

それが「第七末那識は、第八阿頼耶識の見分を縁じて自心の相を起す」という語の意味するところである。

本当はどのように状態が変わり境遇が変化しても人間としては少しも変らない、平常底である。それが仏陀の教えを学ぶものの姿であろう。

思量為性相　　思量するを性とも相とも為す

思量するのが、この識の本性でもあり、動く具体的な相でもある。

我にもとづいて思量しつづける、それが末那識の本性でもあり、またすべてである。これについてはすでに述べたので繰り返さない。

3、四の根本煩悩（第六頌第一・二・三句）

四煩悩常倶　　四煩悩と常に倶《とも》なり
謂我痴我見　　いわく　我癡《がち》と我見と
併我慢我愛　　併《なら》びに我慢と我愛となり

末那識は、我癡・我見・我慢・我愛の四煩悩の心所といつも倶に働く。

〈末那識〉と倶に働く心所は十八（後述）といわれるが、もっとも大きな特徴は、四煩悩と常に倶に動くことであろう。

この四煩悩は、後に出てくる心所の呼び名でいえば、

我癡＝癡（自己の正体に無知である）

我見＝薩迦耶見《さつがやけん》（自我を軸とした見方）

我慢＝慢（慢心）

我愛＝貪《とん》（むさぼり）

もともと煩悩とは〈我《が》〉に執着し「我」に拘泥し拘束される〈こころ〉の動きであるが、末那識についていうときには、わざわざ「我」という字がかぶせられており、末那識がいかに〈我〉の根源とみなされているかを読み取ることができる。

〈癡〉は無明。空・無常・無我の真理に明らかでないことを表す。〈我癡〉とは己の実態に愚かであることである。無我・無常である自分の真相に、くらいのである。

〈我見〉は、煩悩の普通の呼び名では、薩迦耶見という。梵語のサトゥカーヤの音写語。有身見《うしんけん》・我見と訳する。ほんとうは多くの縁の力に支えられている自分であるのに、それが解らず、虚偽の自我像を構画し固定化し実体化し、それにこだわりつづける。

〈我執〉と〈我見〉とは同意の語と考えてよいが、〈我執〉は情意的な側面といってよいであろうし、〈我見〉は比較すれば知的領域に属する過誤といってよかろう。

〈我慢〉は慢心。他と比較して自分をなんとかして一歩でも高く意識しようとし、他を見下そうとする。これは複雑微妙な〈こころ〉の動きであり、先哲たちも七慢・九慢などの分析を残しており、なかなか興味のもたれるところであるが、それは後の心所論のところで詳しく触れることにする。

〈我愛〉は盲目的な自我愛である。理由も理屈もなくただひたすら己を愛しつづける。われわれの自我愛はそういうものである。いいわけはできても公明正大な理由などはどこにもないのが「貪」煩悩である。

無明長夜《むみようじようや》の直中にあって、灯をつけることを知らぬ自分の姿である。

4、他の〈こころ〉もともに（第六頌第四句）

及余触等倶　　及び余の触《そく》等も倶《とも》なり

及びその他の触等の心所《しんじよ》も倶に働く。

『三十頌』では〈触〉の名前のみが挙げられているが、実際には十八心所が倶転《くてん》するのであるから、それについて述べるところである。「等」という複数を表す字は、それを指している。

まず①〈遍行《へんぎょう》〉の五心所。遍行はどの心・心所が動くときにも、必ず動く心所であるから、当然末那識とも俱に働く。

②〈慧《え》〉の心所。これは大分類では〈別境〉の心所の一つであるが、えらび分ける〈こころ〉の働きである。「簡択《けんじゃく》」の働きであり、末那識と共動するときは、自他の区別をはっきりとして無意識裡に損得を計算する。はからう。思量するのである。末那識の心所の一つにこれをとりあげているのは、なかなかの人間通といえる。自分に拘泥し自分に執着するという〈こころ〉の底には、常に自分のものと他人のものとを尖鋭に選別する〈こころ〉が働いている。それが〈慧〉の心所である。〈慧〉は、善悪どちらにも働くが末那識とともに働く〈慧〉は善ではない。

次には③大随煩悩の八つが挙げられる。その煩悩の一つ一つの内容については後に学ぶことにして、名前だけを列記しておく。掉挙《じょうこ》・惛沈《こんじん》・不信・懈怠《けだい》・放逸・失念・散乱・不正知《ふしょうち》である。

唯識では、煩悩を〈根本煩悩〉と〈随煩悩〉とに分類し、〈随煩悩〉をさらに〈小随煩悩〉〈中随煩悩〉〈大随煩悩〉の三に分類するが、末那識と働くのは随煩悩では〈大随煩悩〉になる。〈大随煩悩〉は、手を振り上げたり怒鳴ったりするような激しい動きの煩悩ではないが、じわじわと〈こころ〉を汚していく。深いけれども、密やかな末那識にぴったりの随煩悩である。

5、汚れた〈こころ〉（第七頌第一句）

有覆無記摂　　有覆無記《うふくむき》に摂《おさ》む

善悪等の三性《さんしょう》の分類では、有覆無記のものとする。

末那識を善・悪・無記の価値基準でみればどれになるのであろうか。それへの答である。末那識は三性によれば、〈有覆無記〉とするという。阿頼耶識は無覆無記であった。したがって〈無記〉であるという点でいえば、阿頼耶識と末那識とは同じ性質ということができる。しかし阿頼耶識が〈無覆〉であるのに対して末那識は〈有覆〉というので、そこに大きな違いがある。「覆」とは、前にもみたが『成唯識論』では、「聖道を障礙《しょうげ》し、自心を隠蔽《おんぺい》する」という意味である旨が説かれている。したがって〈無覆〉は聖道を障礙することなく、自心を隠蔽しないことを意味し、〈有覆〉はその逆であるといえる。〈末那識〉という自我意識は仏道を磯げ、本来は無色の〈こころ〉の働きを隠すのである。『摂大乗論』では「染汚心《ぜんましん》」といわれているのだが、末那識は汚れた〈こころ〉である。悪ではない。悪ほど自他を損傷することはない。しかしなんとなく透明ではないのである。日本語の「きたない」に相当する。「お金の使い方がきたない」というあれである。別に悪いことをしているのではない。しかしさわやかでないのだ。スポーツできたない勝ち方というが、それもルールを破るわけではない。なんとなく手前勝手なずうずうしさが見られるのである。そのあたりの微妙な〈こころ〉の動きに末那識はかかわっているのであろう。

悪なら悪で、はっきりとした性格をもっていれば、それに対する対応の仕方もはっきりするであろうが、そのあたりがあいまいだから、対処の仕方も難しくなる。

6、己の生を愛す（第七頌第二句）

随所生所繫　生じる所に随って繫せらる

末那識は、その人が生存している場所に繋縛《けばく》される。

前にもちょっと触れたように、末那識の我執は、現実具体的な自分に対して働くのであって、決して観念的なものでも抽象的なものでもない。それを「第八阿頼耶識の見分《けんぶん》を所縁とする」という形で見たとおりである。

『成唯識論』は、〈繫〉という字について、①第八識の生まれた所に繫属《けぞく》する。②その生まれた場所の煩悩に繫縛されるという二義を挙げているが、〈末那識〉が自我像を描く対象は生きているその場のその自分に対してである。平社員の時は平社員の我執をもち、課長に昇格すれば昇格したその瞬間から、我執の中身は変って課長の自分に対する我執となる。もちろん役目がら変らなければならぬ部分もあるが、本質的に人間自体がすっかり変って、急に人を見下すようになったりしてはならないのである。仏教を学ぶものは、自分がどんな所に生まれようと、己のあるべき姿が変るようではいけないのである。出世をしても平常底、おちぶれても平常底でなければならないだろう。

だがそれに対して末那識は、自分自身の生存する場所によって音もなく変質する人間の実態を訴えているといってよいだろう。

7、受

「受」とは「領納」の義といわれる。つまり外からの情報を受容するとき、われわれは自分の感覚や感情を覆いかぶせる。自分の快・不快とか好き嫌いなどの気持ちを離れてわれわれの認識は成り立っていないという指摘である。

「受」は三受または五受に分類される。(前述)

第八阿頼耶識は「捨受」であるということは前に見たとおりである。

〈末那識〉はどうなのであろうか。『三十頌』は直接それに触れていないが、『論』にしたがって見ると〈捨受〉であるといわれている。

阿頼耶識も末那識も〈捨受〉であるということは、人間の一番根源のところは苦楽どちらでもないと見ていることである。

これについて『論』は三説をあげて判定している。

第一説は、末那識はひたすら自分のみを愛しつづけるのであるから〈喜受〉であるという。

第二説は、〈憂《う》・喜《き》・楽《らく》・捨《しゃ》〉の四受が働くという。

第三説は、〈捨受〉という。この第三説が正義である。なぜ〈捨受〉なのかというのに対して二つの理由があげられている。それは①末那識は、いつからともなく、おのずから自分を愛着しつづける〈こころ〉であるので、苦楽が変化しないと考えるべきだからである。②『三十頌』の文章表現の問題だが、第七識の性質と第八識と違うものについてはきちんと文字で表現されているにもかかわらず、〈受〉についてはまったく触れられていないので、第八識と同じと考えるべきだからだといわれている。

私は第一説の自分を「喜」んで愛着しつづけるという説に魅かれるのだが、冷静に考えてみるとやはり〈捨受〉とするのが妥当ということになるであろう。

念の為に第二説は、第一説と同じ方向から捉えたもので、天上・人間に生まれると喜・楽が相応し、地獄・餓鬼界に生まれると憂受が働くとする説である。

8、末那識のない世界（第七頌第三・四句）

阿羅漢滅定　阿羅漢と滅定《めつじょう》と
出世道無有　出世道とには有ることなし

阿羅漢位に到達した人と、滅尽定《めつじんじょう》に入っている人と出世道を行じている人には末那識はない。

その執拗な末那識も働かない所があるという。それは①阿羅漢位に到達した人、②滅尽定に入定《にゅうじょう》している人、③仏道を行じている人である。

まず「無有」とは何か。『成唯識論』は、それを①永断滅《ようだんめつ》（永遠に断滅する）②暫伏滅《ざんぶくめつ》（しばらくの間動かない）の二に分けて説明する。

①永断滅は〈末那識〉の種子も現行も永久になくなる階位で、阿羅漢位がそれに該当する。前述のように阿羅漢位は、声聞四果《しょうもんしか》の最高位で、我執の種子も現行もことごとく克服されている。しかも阿羅漢位は〈不退〉といい、再び煩悩の世界に帰ることはないといわれるから、そこに我執の根源である末那識は働かないことになる。

②暫伏滅は、〈末那識〉の我執が暫時消滅する場合である。滅尽定と出世道がそれにあたる。

「滅定」は、滅尽定のこと。前七識が動かない深い禅定である。深い禅定に無想定・滅尽定がありそれを二無心定という。その違いは、「無想定」は前六識、「滅尽定」は七転識の働きがすべて消滅するという。七転識は消滅するとしても、第八識は消滅しないから、七転識の消滅＝死を意味しない。いわゆる入定の状態となる。しかし出定すればもとの状態に帰るから「暫伏滅」である。

「暫伏滅」のもう一つは〈出世道〉である。〈出世道〉とは、根本智と後得智との二の無漏智が働くときである。前者は真理と一体になる清浄な智慧であり、後者はその清浄な智慧が具体的に生活のなかで働く一面である。一言でいえば無漏《むろ》の智慧の働いているときであるが、その間は末那識の我執は働かない。しかし菩薩は修行のなかで、無漏の智慧を完全に断えることなく持続させることはできず、それが断絶する時には、我執が再生することもある。〈末那識〉の我執はなにしろ「倶生《くしょう》」の我執であるから、生得的に身に具備しておるわけで、そう簡単に清算できるようなものではない。油断をすればいつでも現起する。だから「暫伏滅」といわれる。

〈末那識〉を消滅させたり伏滅させたりするのは無漏の智慧であるが、その無漏の智慧をもってしても容易にそれができないというところに、その我執の深刻性を痛感せざるをえない。

ことわるまでもないことだが、「永断滅」といっても、第七識そのものが消滅するのではなく、我執としての働きがなくなるのであることは第八識の場合と同じである。

以上のように末那識の働かぬ領域を示すのであるが、伝承によれば、末那識の理解を巡って、安慧《あんね》菩薩と護法菩薩との間に学説の違いがあったといわれる。人間観の重要な相違のように思うので、ここで紹介しておきたい。

それは、〈末那識〉は我執の〈こころ〉の根源であるとされ、有覆無記のものとされるのであるが、それでは清浄化される可能性はあるのかどうかという問題である。深い我執の〈こころ〉である〈末那識〉にとって、清浄化ということは自己矛盾と見ることもできる。汚れているのが末那識の本性であるから、清浄な末那はないと考えるのが順当である。

その説に立ったのが安慧菩薩である。安慧菩薩は、「清浄」な末那識はないという説に立ったといわれる。修行して人が清浄無垢に変ると、汚れを本性とする末那識は消滅する。この場合は我執の働きの一部が消えるのではなく、第七識全部が消えると考えた。だから仏果位《ぶっかい》に到達すると、八識のなかの第七識がなくなるので、全体では七識となる。「仏果七識」とするのである。道理に無理のない平明な説である。

それに対して護法菩薩は、清浄な無漏の末那識を認める。仏果に到達すると、末那識はなくなるのではなく、そのままで清浄な〈こころ〉に転換するという。

それは仏果を成《じょう》じるとか悟《さと》りを得るとかいうことによって、人間の構造は一つも変らないということを意味する。それでは何も変らないのかというとそうではない。八識としての人間構造は少しも変らないが、しかもその内容はすっかり変るのである。

それを『成唯識論』は、（1）所縁の違い、（2）ともに働く心所の違い、（3）三性の違いとして整理する。それを図にすると表のようになる。

まず〈所縁〉が変る。染汚の場合は、末那識は阿頼耶識の見分を対象として虚構の自我像を描き、それに執着しつづけた。自分以外の他のものはまったく眼に入らなかったのである。それが清浄の末那に転換するとともに、真の自己のすがたである無我の自己が見えてくる。無我の自己とは、真理そのものの相であるから、無我の自己が見えるということは、同時に真如が見えることを意味する。自己の真実の相が見えるということは、同時に空・無常・無我・無相の一切法が見えることでもある。

	染汚の末那	清浄の末那
所縁	阿頼耶識の見分	無我相 真如 一切法
心所	遍行5 別境の慧 根本煩悩4 大随煩悩8	遍行5 別境5 善11
三性	有覆無記	善

清浄の末那識への転換ということを、末那識を転じて〈平等性智《びょうどうしょうち》〉を得《とく》するという。一般的には「転識得智《てんじきとくち》」という。末那識の転識得智はすばらしい。

自分のみに〈こころ〉を注ぎ、自分のみを愛しつづけ他を見下しつづけた利己的な〈こころ〉が、無我なる自分の本当の姿を見るようになり、真理に開眼し、一切法、つまりすべての存在を平等に見うるように変わるというのである。自分にのみ注がれていた狭隘な視野が、ぐっと拡まるのである。自我愛が平等愛へと変わるのである。他を排除した〈こころ〉が、他を尊重する精神に変わるのである。感動的な転換だと思う。

安慧菩薩の説では、末那識はただ染汚の〈こころ〉であり、空・無常・無我の体験によって人が清浄化されるとともにその場を失って消えていくと考えられていた。それはきわめて穏健で明白な理解だといえるが、それに対する護法菩薩説のこの〈染《ぜん》〉より〈清《しよう》〉への感動的な転換はすばらしい。

〈心所〉については、染汚の場合十八の心所がともに動いたのであったが、清浄に転換するとともに二十一へ拡がっていく。ここにも数的な拡大が示されているが、大事なことはその心所の内容である。染汚位の心所を見ると、十八の内十二、すなわち三分の二が〈煩悩〉の心所である。それが清浄位になると、煩悩の心所はすっかり消えてしまい、〈善〉の心所となる。数のうえで働きの幅が変わるばかりでなく、内容が根本的に変わる。〈別境《べつきよう》〉の心所についてもはじめの〈慧《え》〉だけから、五別境全部に拡がっているが、〈別境〉というのは、後に見るように、力強さとか積極性などの性質をもつ心所であるから、すっかり中身の変わった第七識が善なる〈こころ〉として積極的に動くことを示唆するものと考えてよいであろう。

第七識の内容がこのように転換するのであるから、善悪無記の三性でいえば、〈有覆無記〉であった染汚位の第七識は、総体が〈善〉なる第七識へと変わる。

9、末那識の存在論証

以上、〈末那識〉の概略を学んだわけであるが、この潜在的な深い利己性の〈こころ〉を、人間の人格構造のなかに、はっきり「第二能変」として組み込み位置づけたのは、この世親菩薩の『唯識三十頌』であった。それは三能変としての人間観の成立である。もちろん深い利己性の自覚は長い歴史をもっていたが、ここで明確な位置を与えられたのである。

そして〈第二能変〉は末那識であり、〈末那識〉は第七番目の〈こころ〉だと位置づけたのは『成唯識論』であった。『成唯識論』によって、「八識」の人間構造と「三能変」の人間構造とが重ねられた。ここで「八識三能変」の人間把握が完成した。

そこで、『成唯識論』は二教・六理によって第二能変・第七末那識の存在論証をしなければならなかった。

「二教」は、(1)『楞伽経』十巻本、(2)『解脱経』である。

前者は、「蔵識を心、思量識を意、了境識を識と名づける」という文章であり、後者は「染汚の意は、恒時《ごうじ》に諸々の惑と倶《とも》に生滅する」という一節である。両方とも、末那識が他の識と別に存在すると解釈せざるをえないというのが教証である。

「六理」の概要は次の通りである。

(1)不共無明証。経典のなかに「恒行不共無明《ごうぎょうふぐうむみょう》」という無知の心所が説かれている。いつも独自に動きつづける無明であるが、この無明が働きうる〈こころ〉はなにかといえば、恒相続《ごうそうぞく》する第七末那識を措いては考えられない。

(2)六二縁《ろくにえん》証。〈こころ〉が動く時には、必ず所依《しょえ》と所縁《しょえん》との二条件が揃っている。第六識も同じである。独自の所依がなければならない。第六識の独自の所依として考えられるのは第七末那識である。

(3)意名《いみょう》証。常に思量する〈こころ〉を意と名づくといわれる。それを有部《うぶ》は前滅《ぜんめつ》の意というが、前滅の意はすでに無であるから思量することはできない。経部は過去未来の無体の上の意を仮説するというが、そのような仮のものに思量する働きはない。第七識を別立することによってのみ自然に解釈できる。

（4）二定差別証《にじょうしゃべつ》。無想定《むそうじょう》と滅尽定《めつじん》において、無想定は六識が、滅尽定は七識がなくなるといわれるが、第七識を独立した識として認めることによって説明がつく。

（5）無想有染証《うぜん》。無想天の有情は五百大劫《こう》の間、六識を滅するといわれる。その間は我執もないといわれる。もし第七識がなかったならば、そのまま仏と同じになり智者に批判されることはないであろう。

（6）有情我不成証《うじょうが ふじょう》。凡夫の行為はことごとく有漏だといわれる。意識的には善き行為と思っている場合も有漏だというのは何故か。第七末那識があるからである。

新しい説を主張しようとする苦労が窺える一段である。

以上で〈第二能変〉・〈第七末那識〉を終わる。

分量的にいえば決してそう多くはない。

しかし仏教に触れるという点からいえば、内容は深く重要な一面である。微細な汚れた自己への沈潜でありそこからの解脱である。

すでに潜在的な我執については、いろいろ気づかれていながら、〈第二能変〉という位置が与えられたのがこの『唯識三十頌』であり、それを〈第七末那識〉という順序で人間構造に組み込んだのが『成唯識論』であった。

潜在的な我執の位置づけは、単なる理論の要請ではなかろう。深い確実な宗教体験によって創造された人間の真実相である。

自分の意識化の領域を超えたところに、潜在し活動しつづける利己的〈こころ〉の一面を自覚し、光をあてて宗教の世界の深みを浮き上がらせているところに、〈末那識〉の大きな意義があるといえるように思う。

六、第三能変（第八・九・十五・十六頌）

次第三能変　　次は第三能変なり
差別有六種　　差別《しゃべつ》なること六種あり
了境為性相　　境を了するを性《しょう》とも相ともなす
善不善倶非　　善と不善と倶非《くひ》となり
此心所遍行　　この心所は遍行と
別境善煩悩　　別境と善と煩悩と
随煩悩不定　　随煩悩と不定《ふじょう》となり
皆三受相応　　みな三受と相応す

次は第三能変である。

それぞれの性質や作用の違いによって分けると六種になる。対象を区別して認識するのが本性でもあり具体的な相でもある。働く範囲も広く、善・悪・無記の三性にわたる。第三能変と働く心所は、遍行と別境と善と煩悩と、随煩悩と不定と、つまり全部の心所である。受についても三受（苦・楽・捨）の全部と相応する。

1、六つの〈こころ〉

次第三能変　　次は第三能変なり
差別有六種　　差別なること六種有り

ここから第三能変である。

〈第三能変〉は前六識である。つまり感覚機能である眼識・耳識・鼻識・舌識・身識の〈前五識〉と、知・情・意の機能を包摂する〈第六意識〉である。この六識は基本的な人間分析で唯識以外の仏教や学派でも共通に認めるところである。

〈前五識〉は、それぞれ視覚作用・聴覚作用・嗅覚作用・味覚作用・触覚作用を指す。それを〈第三能変〉とみることは、自分の感覚能力によって認識範囲が限定されることを意味する。たとえば視覚作用についてみても、われわれはどんなに眼をこらしてみても紫外線も赤外線もみることができない。〈もの〉があれば誰でもいつでも同じに認識すると思っているが決してそうではなく、認識できる者のみが、認識できるもののみを認識するのである。そういう意味で能動的に働きかけているといえる。

第六識は知・情・意の全体を包みこんでいるわけだが、自分の知識や教養や、趣味・嗜好などによって認識対象が限定される面の指摘である。

第六識は詳細には表のように分類整理される。

- 第六識
  - 五俱の意識
    - 五同縁の意識
    - 不同縁の意識
  - 不俱の意識
    - 五後の意識
    - 独頭の意識
      - 定中の意識
      - 夢中の意識
      - 独散の意識

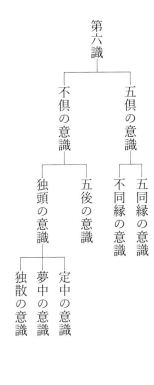

〈五倶の意識〉は第六識が、前五識となんらかの関係をもっている状態である。

〈五同縁の意識〉は第六識が前五識と同じ対象に集中している状態である。たとえば本を読むとき、活字を見るのは眼識であるが、意識もそれに集中し没頭して中身を理解している状態である。それに対して〈不同縁の意識〉は、感覚が働いていることは五同縁の意識と同じであるが、第六識はそれとは別のことを考えている状態である。〈こころ〉ここにあらざれば見れども見えずという状態である。

〈不倶《ふく》の意識〉は前五識とはまったく別に第六識が働く状態である。〈五後の意識〉は前五識をきっかけとして動く意識であるから、五倶の意識ではないかとも考えられるが、対象は眼前にあるわけではなく余韻余情として浮かんでいるのであるから〈不倶の意識〉に含めるのである。優れた芸術に触れた後、その感動をかみしめながら帰っていくなどという状態であろう。

〈独頭《どくず》の意識〉はまさに第六識が、前五識とまったく別に独自に動く状態である。〈定中《じょうちゅう》の意識〉は禅定中の意識の状態で、一面では妄想と呼ばれる幻覚幻想の状態を指すといってよいであろうが、また一面では悟り体験や身心脱落《しんじんだつらく》や非思量の状態とかかわりを持つともいわねばならない重要な意識であろう。身心脱落や非思量は、第六識の働きを否定すると考えられるが、それが転換した状態をも含めて見ればやはり第六識と無関係とはいえない。

〈夢中の意識〉は説明するまでもなく「夢」である。精神分析では「夢」は基本的には深層意識との関係で捉えるようだが唯識は第六意識という表層の〈こころ〉の問題として理解している。「夢」には「霊夢」「夢告」などの神聖な夢もあるので、そのあたりをどう理解するか、問題の一つであろう。ただ唯識では、表層のすべての〈こころ〉の動きを第八阿頼耶識中の種子より生じるものとするので、その意味では「夢」も深層意識のうえに捉えられているということができる。しかし〈第八阿頼耶識〉は、ものを考えたり推理したり想像力や構想力でなにかをイメージしたりする働きはないというし、〈第七末那識〉はひたすら自分を愛しつづけるだけの力能のものとするのであるから、一つのストーリーを一つの情景によって展開する夢は第六意識の領域と位置づける以外に方法はないのかもしれない。

〈独散《どくさん》の意識〉はまさに第六識の独壇場であろう。前五識の活動と離れて、第六識のみが自由にふるまうところである。それは一面では落ち着きのない散乱の状態を意味するが、半面では前五識の拘束を離れて自由に活動することでもある。すなわち思考・判断、想像力とか構想力とか理想を追究するとかなどの〈こころ〉の動きはすべてこの〈独散の意識〉に摂められるであろう。「菩薩の誓願」もいま現前にないものを志すのであるから、分類すればこの〈こころ〉の動きの延長上に捉えられるように思う。何かの事情で固定化した意識の状態を突破するのはこの〈独散の意識〉の力であるかもしれない。

仏教には、「あるものをあるがままに見る」ことが悟りだという言い方がある。あるものになにものかをつけ加えることは過誤であり迷いを深めるだけだという見方である。それはそれで大切な一面だが、想像力・空想力・構想力などが軽視される面があるように思う。しかし〈独散の意識〉はそれに対する答の一つかもしれない。もちろん「観心《かんじん》」「観《かん》法《ぼう》」などは眼前にあるものを観るのではなく、その背後にある真理を観取することであるから、〈独散の意識〉のみが眼前にあらざるものにかかわるのではない。

〈第三能変〉は六種あり、それぞれ別々に対象を区別してはっきり認識するという点では共通である。「境を了するを性《しょう》とも相ともなす」のである。〈第二能変末那識〉の方は「思量するを性とも相ともなす」といわれていたから、同じ「性」「相」という文字で捉えられていてもその内容は異なり、第二能変と第三能変との性質の違いがよく解るところである。

2、三性に働く

「三性」とは善・悪・無記をいう。

唯識には後述の遍計所執性《へんげしょしゅうしょう》・依他起性《えたきしょう》・円成実性《えんじょうじつしょう》というもう一つの「三性」があり、紛らわしいのでここに説く三性を「善等《ぜんとう》の三性」といい、もう一つの三性を「遍依円《へんねえん》の三性」という。

「善等の三性」は善・悪・無記の三種であり、価値基準である。第六識はそのすべての性質となって動く。〈無記〉とは非善非悪である。善悪いずれでもない。これをさらに二つに分けて〈有覆無記《うふくむき》〉・〈無覆無記《むふくむき》〉とすることは前にみたとおりである。第七末那識は有覆無記であり、第八阿頼耶識は無覆無記であった。

第六意識は善・悪・無記のいずれにもなるのである。

それは存在の根源は無記である自分が、その上に善・悪・無記の行動を起こしているということになる。

しかも第六意識は表層の〈こころ〉だというのであるから、その気になれば自分で自覚できるということであり、自分で自覚できるということは悪を防ぎ善を修することが自分の責任でできることを意味する。もちろん簡単にできるわけではない。思っても志しても自分の意思に反して足もとからそれを崩してくる絶望的な深層の自分に出会う。それを組織化したのが唯識仏教であるから、防悪修善《ぼうあくしゅぜん》をどんなに努力してみてもおいそれといかないのは当然である。唯識は人間をそんなに甘く見ない。

だがとにかく第六意識は自覚できるのである。それは反省が可能だということであり、しかも善悪いずれの性質をも備えているというのであるから、どちらの方向へ向かっていくかは自分の責任であることを示唆していることであろう。

善き種をまいたとて、必ず善き収穫が得られるとは限らないが、善き種をまかぬかぎり善き収穫は決して得られない。

宗教には、深いところに自分の力への絶望感があり、それを超えた絶対的存在へ自分を投入して安らぎを得るという構造がある。「神まかせ」「仏まかせ」というのが根本的な性格である。しかし仏にまかせるという決断は、所詮自分がしなければならないのである。

その決断も仏の力に依るのであろうが、仏の力と自分の力とが重なりあうところである。仏の力が自分の力、自分の力が仏の力、それを感応道交《かんのうどうこう》という。

3、相応の心所　広縁の意識

〈こころ〉が動くときには、いろいろな具体的な相を現す。その相を分析したのが「心所」である。〈第八阿頼耶識〉とは〈遍行〉（触・作意・受・想・思）のみが倶に働いた。〈第七末那識〉とは①〈遍行〉、②〈別境〉の〈慧〉、③根本煩悩の四つ（我癡・我見・我慢・我愛）、④随煩悩のうち〈大随煩悩〉が倶に働くといわれていた。

〈第六意識〉はどうか。第六意識はすべての心所と共動するのである。後に学ぶように心所は五十一に分析されるが、第六意識はそのすべてと倶に働く。その意味では八識のなかでも唯一の特性であり、「広縁《こうえん》の意識」と呼ばれるゆえんである。「広縁の意識」はどんな方向にも向くということであるから、それをどちらに向けるかがわれわれに問われていることであろう。

4、受

〈受〉は領納の義、具体的には苦・楽・捨の三受である。つまり外界からの情報を受容するとき、われわれは感覚や感情をかぶせながらそれを受け入れるということである。第六意識はそのすべてと倶に働くのである。

第八阿頼耶識は〈捨受〉つまり非苦非楽であった。末那識については『三十頌』に直接説かれてはいないが『論』にしたがってこれも「捨」であることをみた。

〈第六意識〉は〈三受〉でいえばそのすべてと共動する。〈五受〉でいえば楽・憂・喜・捨の四つが働く。〈五受〉の〈苦〉は前五識と働くのでここには入れられない。それならば〈楽〉もそうではないかと考えられるのだが、〈楽〉は禅定体験のなかで、前五識の働かない深い領域に特別の〈楽〉（色界第三禅は離喜妙楽地《りきみようらくち》）があるとするので、〈苦〉とは違って第六識と共動するのである。

前五識は〈三受〉でいえば全部、〈五受〉でいえば苦・楽・捨がともに働く。

さて『唯識三十頌』はこの後、第十頌より第十四頌まで、第六識と相応する五十一の心所のすべてを列記し心所論を詳しく展開しているが、われわれは第十五頌・第十六頌を先に学ぶこととする。そこに第三能変の所依・倶転・起滅が示されているからである。そこを先にまとめて、その後五十一の心所を学ぶこととする。

5、前六識の起滅　随縁現（第十五頌）

依止根本識　根本識に依止《えじ》す
五識随縁現　五識は縁に随って現ず
或倶或不倶　或は倶に或は倶ならず
如濤波依水　濤波《とうは》の水に依るが如し

第三能変は根本識に依って動く。

前五識は縁に随って現れる。

五識は或るときは一緒に或るときは別々に動く。

それはちょうど濤波が、水を依り所としながら、風の縁に随ってさまざまに現起するようである。


〈第三能変〉つまり〈前五識〉と〈第六識〉とは第八識＝根本識を依所とする。第八識は人格の一番根底であるから〈第三能変〉にとってもそれが根本的な依り所となるのは当然のことである。過去を背負える自分が一番根底にあって人間のすべてはそれに依存して存在しているのである。どんな些細な表面の〈こころ〉も、〈根本識〉を離れてはありえない。それが「依止根本識」の意味するところである。

むろん人格の底とか根底とかいっても、それを実体的に捉えてはならない。そんなものがあるはずはなく、人格の底などもない。理解の手がかりを与えるための表現上の方法であることを忘れてはならない。


〈所依〉をさらに分析して〈親依《しんえ》〉と〈共依《ぐうえ》〉に分ける。

〈親依〉は第八識中に保持されている〈種子〉のことである。唯識では、われわれの

〈こころ〉の動きのすべてを第八識中に蓄積されている〈種子〉の現起したものとするということはすでに学んだとおりである。内に深く蓄積された種子が具体的に現れたのがわれわれの現実相であるから、直接的な依り所は〈種子〉になる。

それに対して〈共依〉とは、共通の所依のことで、第八識は第三能変の依所であるとともに、第二能変の依所でもあるので〈共通〉の依所というのである。厳密にいえば、第八識は第八識でも現行の第八識、つまり〈現行頼耶《げんぎょうらや》〉である。

〈現行頼耶〉について一言ふれておくと、それは〈種子頼耶〉の対概念で、現に動いている〈阿頼耶識〉をいう。もともと阿頼耶識というのは、潜在的な深層の〈こころ〉であるが、よく考えてみると、動いている部分と動いていない部分とがある。たとえば仏典を読んでいるときには、怒るとか恨むとかいう煩悩は眠っていて具体的な動きは示さない。ないわけではないが眠った状態にあって鳴りを潜めている。現れているのは、仏典を理解したり思索したりするという自分のなかでも上等な自分のみである。いつも阿頼耶識の全体が現起しているとはいえないのである。そういうことを考えてみると解るように、もともと潜在的な阿頼耶識は、さらに潜在的な一面と顕現的な一面とに分けられるのである。そして潜在的な一面を〈種子頼耶〉、顕現的な一面を〈現行頼耶〉という。

したがって〈共依〉となるのは、その時動いている阿頼耶識＝現行頼耶となる。

第十五頌・第二句「五識随縁現」は、前五識が、縁に随って起滅することを示した一句である。『述記』に諸識生起の条件が次のように述べられているので正義を紹介しておく。

八識	生縁								
眼識(九)	空	明	根	境	作意	第六	第七	第八	種子
耳識(八)	空	○	根	境	作意	第六	第七	第八	種子
鼻識(七)	○	○	根	境	作意	第六	第七	第八	種子
舌識(七)	○	○	根	境	作意	第六	第七	第八	種子
身識(七)	○	○	根	境	作意	第六	第七	第八	種子
意識(五)	○	○	根	境	作意	○	○	第八	種子
末那識(三)	○	○	根	○	作意	○	○	○	種子
阿頼耶識(四)	○	○	根	境	作意	○	○	○	種子

深浦正文『唯識学研究』下・三六六頁

「空」とは空間、「明」は明るさ、「根」は識の〈倶有依《くうえ》〉、「境」は〈所縁〉、「作意」は心識を警覚させる遍行の心所、「第六」は第六意識、「第七」は第七末那識、「第八」は第八阿頼耶識、「種子」は諸識生縁の直接的な親因となる生果《しょうが》の功能《くうのう》である。

〈耳識〉に「明」がないのは聴覚には明るさは必要ないからであり、〈鼻識〉以下に「空」「明」がないのは、それらに空間も明るさも不必要だからである。〈意識〉に「第七」がないのは、意識の「根」は第七なのでそこに含めるからであり、〈末那識〉に「境」がないのは、この識の「境」は第八阿頼耶識であり、「根」もまた第八阿頼耶識なので「根」に含めるからである。「第八」がないのはすでに「根」で示されているからである。第八阿頼耶識に「第七」がないのもすでに「根」に含められているからであるといわれる。

（深浦正文『唯識学研究』）

〈前五識〉は総体的に現起の条件が多く、したがって現起することが少ない。それに対して〈第七末那識〉は三縁で生起する。末那識は恒審思量《ごうしんしりょう》する〈こころ〉だということを前にみたが、それをここに重ね合わせてみると末那識の常恒性がよりはっきりしてくるように思う。

これだけでは細部について説明不足かもしれないが、ここでとにかく見るべきは、諸識が生起するのは多くの縁の力によるということである。否定的な表現をとれば無自性空《むじしょうくう》ということであり。肯定的にいえば衆縁所生《しゅえんしょしょう》ということであろう。

第十五頌第三句の「或倶或不倶《わくわふく》」は、前五識相互の関係である。五識が或るときは倶に働き、或るときは単独に働くことをいう。

『成唯識論』は八識倶転を説く。つまり八識が同時に働くという厚みのある立場をとる。五識も当然倶転するのである。「外面似菩薩《げめんじぼさつ》、内面如夜叉《ないめんにょやしゃ》」などの複雑な動きをするのが人間の実態であろう。〈こころ〉の縁起性や重層性が指摘されるところである。

第十五頌第四句「如濤波依水」は、第八識を水に、前五識を波に譬えたもの。ちょうど風が吹くと、その風の状態によって、さまざまの波浪が起きるように、第八識にいろいろの縁が触れると、その縁の力によって前五識の起こり方もさまざまに変わるのである。

いうまでもなく仏教の示す真実は、縁起である。出会う縁によって我も変わり世界も変わる。決して固定的な自分も環境もない。

6、無心のとき　五位無心（第十六頌）

意識常現起　　意識は常に現起す

除生無想天
及無心二定
睡眠与悶絶

無想天《むそうてん》に生じたると
及び無心の二定《にじょう》と
睡眠《すいめん》と悶絶とを除く

意識は常に現起する。ただし無想天に生れた時と二つの無心定に入定した時と、深い睡眠に入った時と、悶絶した時には働かない。

〈前五識〉が条件によって現起の相を変えるのに対して、〈第六識〉は生起の条件が少ないから、条件がととのい易く、持続的に働く。しかし五の状態になると働かないという。それを「五位無心」という。すなわち（1）無想天、（2）無想定《むそうじょう》、（3）滅尽定《めつじんじょう》、（4）極《ごく》睡眠《すいめん》、（5）極悶絶である。

第一は〈無想天〉。無想天は色界《しきかい》第四禅中の広果天《こうかてん》にあるといわれる。そこに生れると第六識は働かない。第二は〈無想定〉。無想天に生まれるために修める禅定である。そのとき前六識は働かないという。第三は〈滅尽定〉。この禅定に入ると第七末那識まで働かなくなるといわれる。深い禅定である。

以上の三位は、現代のわれわれにとっては理解が難しい。無想天といっても、古代インドの世界観に基づく特別の世界の実在を前提とするものであり、無想・滅尽の二無心定も説明をきいて想像するだけであって、実感をもって理解することは困難である。わずかに第四の〈睡眠〉と第五の〈悶絶〉とについては、熟睡中のことや、気絶とか失神などの状態に陥った場合を考えて想像するだけである。

これを「五位無心」という。無心の「心」は第六意識を指す。このように断絶することがあるのを「有間断《うけんだん》」という。前五識も第六識も「有間断の識」である。

七、心所（第十頌―第十四頌）

1、いつも動く心所　遍行

初遍行触等　　初めは遍行《へんぎょう》なり　触等《そくとう》なり

話が前後したが、ここから改めて〈心所《しんじょ》〉を学ぶことにする。『三十頌』は第三能変＝前六識を述べるところで、心所の全部を紹介する。それは第六識が全部の心所とともに働くからである。

唯識では〈こころ〉を〈心王〉と〈心所〉とに分ける。〈心王〉は〈こころ〉の主体的一面で、眼識・耳識・鼻識・舌識・身識・意識・末那識・阿頼耶識の「八識」とする。

心所は〈こころ〉の作用で「五十一」に分析する。詳しくは「心所有法《しんじょうほう》」といい、〈こころ〉に所有されるものという意味であるが、〈心所〉と略称で呼ばれることが多い。「所」という字があるが場所には関係ない。所有の「所」である。

「五十一」は大分類で「六位」に分ける。つまり「六位五十一の心所」という。「六位」とは、

（1）遍行―〈こころ〉が動くときには必ず働く〈こころ〉の作用。
（2）別境《べつきょう》―別々の対象に対して働く作用。
（3）善―善き〈こころ〉の作用。
（4）煩悩―煩しく悩ませ、かき乱す〈こころ〉の作用。
（5）随煩悩―煩悩に付随して具体的な様相を示す煩悩の一面。
（6）不定《ふじょう》―状態によって現れ善悪どちらにも働く〈こころ〉の作用。

（1）〈遍行〉は①触《そく》、②作意《さい》、③受、④想、⑤思の五であり、どの〈こころ〉が動く時にも必ず働くので遍行と呼ばれるのであるが、これについては阿頼耶識のところですでに見たとおりである。

2、別々の境に向かって　別境（第十頌第二―四句）

次別境謂欲
勝解念定慧
所縁事不同

次は別境なり謂く欲と
勝解《しょうげ》と念と定《じょう》と慧《え》となり
所縁の事同じからず

次は別境である。

それは欲と勝解と念と定と慧とである。

対象はそれぞれ同じではない。


〈別境〉というのは、別々の境に対して働くという意味である。

まず（1）〈所楽《しょぎょう》の境〉日「ねがい求める境」に対して働くのは〈欲〉の心所である。〈欲〉とは「希望《けもう》」の心所、つまり希い求める〈こころ〉の作用である。〈欲〉という言葉を聞くと、多くの場合、悪い〈こころ〉の動きという印象が強いのではなかろうか。しかし〈欲〉は悪い働きのみをするのではない。『成唯識論』にも「善法欲《ぜんぽうよく》」という言葉があるように仏道修単のうえでプラスに働くことが充分にある。

〈欲〉が「貪欲」となるのがよくないのである。〈欲〉は善悪いずれにも働くのである。

ねがわしいものを希求する、その〈こころ〉の作用自体は善悪いずれでもない。

しかし『成唯識論』は、「勤《ごん》の依《え》となるのがその業用だ」といっている。〈勤〉とは精進のことであるから、善悪いずれでもないと分類をしながら、しかもそれを仏道修行の方角に向けるべきものであることを暗に語っているように思う。

（2）は「決定《けつじよう》の境」に対して動く〈こころ〉の作用である。それを〈勝解〉という。つまり動かぬ境に対して、それを確認し断定する働き。「印持《いんじ》」といい「不可引転」という。ぐらぐらしないのである。

これも善についても悪についても「印持」があり「不可引転」があるわけだから、善悪両方に働く。

しかし『成唯識論』は、境に対して猶予（ためらう）するのは〈勝解〉ではないといっており、「猶予」とは後に学ぶ根本煩悩の一つ〈疑〉の性質とするので、それから推すと、やはり煩悩に背を向ける学仏道の方向を向く立場で〈勝解〉が捉えられているといってよい。

（3）は「曽受《ぞうじゆ》の境」に向けられる〈念〉の心所である。かつて経験したことを、はっきり記憶して忘れないことである。「念とは明記不忘《みようきふもう》」の働きといわれる。これも当然、善悪いずれにも働く。執念・怨念などは悪の〈念〉。念仏・念願などは善き〈念〉である。

『成唯識論』は次の〈定〉の依り所といい〈定〉は〈智〉の依り所とするので、やはり仏道修行の方向に〈こころ〉は向けられている。

（4）は「所観《しょかん》の境」に向けられた〈定〉の心所である。「所観の境」とは観察の対象である。観察の対象に対して〈こころ〉を集中し深く注ぐ〈こころ〉の働きである。「定とは専注不散《せんじゅふさん》の心所」だといわれる。これも善事に対しても悪事に対しても精神集中はあるわけだから善悪両方に働くが、『論』は「智の依」というのでやはり仏道の方向を目指していることになる。

〈定〉は「生得定《しょうとくじょう》」と「修得定《しゅとくじょう》」に分けられる。「生得定」は生まれつき持つ精神の集中力であり、まさにこの別境の〈定〉である。それに対して「修得定」は修行によって会得する〈定〉で、さきの無想定・滅尽定などであるが、これは心所には含めないで、五位百法の分類では〈不相応行〉にいれる。「五位百法」とは心王・心所・色・不相応行・無為の分類であり、〈不相応行〉とは非心非色の法である。

〈定〉と聞くと即座に結跏趺坐《けっかふざ》を想起される方々も在るであろうが、もともとは専注不散という〈こころ〉の働きである。心所の一つであるから身体の行ではなく〈こころ〉の状態である。

（5）は「所観の境」に向けられた〈慧〉の心所である。対象を簡びわけ判断する働きである。「簡択」を性となし「断疑」を業とするという。対象は〈定〉と同じく「所観の境」である。もちろんこれも善悪両方に働くが、「断疑」の疑は煩悩であるから、やはり仏道が基準と考えられている。

〈末那識〉を見た場合、ともに働く心所が十八あり、その中に〈慧〉という心所があった。自分を中心にして諸事を区別していく様子が捉えられていて人間観察の鋭さに感嘆したのだったが、あれがこの心所である。

「境」の違いを整理すると左のようになる。

欲＝所楽の境
勝解＝決定の境
念＝曽受の境
定＝所観の境
慧＝所観の境

『頌』の「所縁事不同」の意味するところである。

さて以上が〈別境〉の心所の概要であるが、この五の心所は、〈遍行〉のように、どの〈こころ〉ともいつも倶に働くのではない。ある時は〈欲〉のみが働き、ある時は〈勝解〉のみが働く。また二つが働く時もあり、五がすべて働くこともある。

ところで『倶舎論』ではこの〈別境〉の五は〈遍行〉の五と同じ分類項目に含まれ、両方を合わせて「大地法《だいじほう》」としてある。それをどのような時にも働くものと、対象の違いによって動いたり動かなかったりすることがあるものとに分類し、前者を〈遍行〉、後者を〈別境〉としたのが唯識の再編成である。

私の感想だが、〈別境〉の五心所は、ただ対境が違うというだけではなく、仏道修行の方角がはっきり示されていると思うし、その方角に向かっての力強く積極的に働く性質が捉えられているように思う。

3、善の〈こころ〉（第十一頌）

善謂信慚愧　善というは謂く信と慚《ざん》と愧《き》と
無貪等三根　無貪等《むとんとう》の三根《さんごん》と
勤安不放逸　勤と安と不放逸と
行捨及不害　行捨《ぎょうしゃ》と及び不害となり

善とは、信と慚と愧と無貪と無瞋と無癡と勤と安と不放逸と行捨と及び不害とである。善なる〈こころ〉の心所である。全部で十一ある。その十一は禅定《ぜんじょう》の時には全部備わる。禅定に入っていない時には〈安〉がないといわれるから〈安〉を除いた十の心所になる。

まず〈善〉とは何か。『成唯識論』の二つの答を見ることとする。

第一は「巻第四」の四種善である。四種善とは（1）自性善、（2）相応善、（3）等起善、（4）勝義善である。

（1）〈自性善〉は十一の善の心所そのものである。

（2）〈相応善〉は、その善の心所とともに働く他の心所である。たとえば〈遍行〉の心所は三性に通じるといわれるように、善の心所と働く時には善であり悪の心所と働くときには悪である。自性善は薬自体であり、相応善は薬を煎じた水が薬水となるようなものだと説かれている。

（3）〈等起善〉は、自性善・相応善によって引き起こされたものである。無表色《むひょうじき》（善悪の行為の余力が潜在したもの）と不相応行《ふそうおうぎょう》（ものでも心でもないもの）と善の種子をいう。

（4）〈勝義善〉は、無為法である。不生不滅の永遠の真理そのものをいう。詳しくは六《ろく》無為《むい》（虚空《こくう》・択滅《じゃくめつ》・非択滅《ひじゃくめつ》・不動《ふどう》・想受滅《そうじゅめつ》・真如《しんにょ》）の中、虚空・非択滅以外の法をいう。（深

浦正文『唯識学研究』下巻）

まとめれば、前の三は〈こころ〉の状態を表し、最後の〈勝義善〉は真理そのものを表す。考えてみると、これは「善とは何か」という問に対して、諸説を紹介したり議論を展開するのではなく、端的に善なる〈こころ〉の状態を示してそれに答えている所といってよい。善とは何かという問題は、おそらく人類とともに太古より問いつづけられてきたテーマであり、おそらく今後も永遠に求めつづけられる課題であろう。

それに対して、この分類は善なる〈こころ〉を分析し整理して「善とはこの十一の心所を具備することだ」と答えていることである。理論や議論ではなくて、具体的な〈こころ〉の状態を示すことによって「これが善だ」と単刀直入に示しているのである。とやかくの議論ではなく、〈こころ〉のあるべき状態が示されている。教説の殊劣や浅深が検討されるのではなく、あるべき〈こころ〉の状態によって善が示されているのである。実践徳目として示されているといってよい。

しかも最後には〈勝義善〉があげられている。善悪の問題は、時代や地域によって異なるので、相対的な次元での探索をまぬがれ難いところがある。〈勝義善〉はそこを超える。時間や地域や人間の思考・希望などを超越した絶対善が示される。具体的な〈こころ〉の状態の究極的なすわりの方向は〈無為法〉である。勝手な思量は許されない。

しかし、〈無為法〉は超越的な実在ではない。無常・無我の縁起の理に具体化される真理以外の何ものでもない。ここは何回でも確認しておかなければならないところである。無常・無我は真理なのである。真理はそれ以外にはない。矛盾した表現だけれども、無常・無我は有為法の法則であるが、法則であるという点において真理であり、真理であるが故に無為法である。無為法は真理であるという点において無常・無我の有為法である。無為法と有為法とは非一非異の関係にある。

〈善〉の定義の第二は、「能《よ》く此世《しせ》他世《たせ》を順益《じゅんやく》するが故に善となす」である。〈善〉は今生だけでの問題でなく未来世までも影響するという。ここには人間存在を現世に限らないという見方を示している。われわれの人生は、たかだか八十年前後にすぎない。人生というものを考える時にも、だいたいそれくらいの範囲に無意識裡に限定して、それが自分の人生の全体だと思っている。しかし人類の歴史はそれを遥かに超える。無数の祖先たちの積み重ねを継承して今日の私の人生があり、その中の一つの点のような小さな私の人生は、一つの足場となって子へ孫へ、未来へと連続している。その全体が人生なのである。この定義はそういう奥行きの深い眼をもって述べられているといえよう。

（1）〈信〉

善の心所の第一は〈信〉である。これについて『成唯識論』の定義を見たい。仏教が〈信〉をどうおさえているかを窺い知るのに見事な定義である。『論』は次のように述べる。

実と徳と能とにおいて、深く忍し、楽し、欲して、心をして浄ならしむるをもって性となし、善を楽うをもって業となす。

これを図式化すると、

1、実―忍（認識する）
2、徳―楽《ぎょう》（憧れ求める）
3、能―欲（意欲的に実行する）

となる。

「実」とは、この世に存在する全てのもの、一切法と、そこに貫通する真理とが実有であることをいい、「忍」とはそれを認識確認することを表す。「忍」とは仏教では①忍耐という意味と②認識する、つまり「認」と同意味に使うが、ここは認識の「認」の意味である。

「徳」とは「三宝の徳」、つまり仏・法・僧の三宝に備わる比類のない尊い徳を指し、「楽」とはそれを憧れ求めることをいう。

「能」とは「有能《うのう》」の意味といわれており、「能」とは能力の意味。われわれが修めていけば仏教の真理を証得することができるということを表す。

さてこの〈信〉の定義を見ると、1は知性的な領域、2は情感的な領域、3は意欲的な領域と考えることができる。つまり「信」とは知・情・意のすべてにかかわる全人格的なものと理解されていることが分かる。

〈信〉という語から普通良く連想されるのは、ここの定義でいえば2の情感的一面ではなかろうか。知性とか合理性とかの網にかからぬ非合理の世界の実在や神秘的な力の働きを、盲目的に信じることこそが宗教の根本だと考えていないだろうか。シュライアマハー（ドイツの哲学者、一七六八―一八三四）は宗教を「絶対依存の感情」と定義した。

それと比較してみると、この唯識の〈信〉の定義がいかに独特のものであり、また仏教のいう〈信〉がいかに明晰なものであるかを知ることができるように思う。

見事な〈信〉の定義といわねばならない。ただし、その知性的領域というのは自我に基づく分別知ではない。信＝知ではない。

〈信〉についてもう一つ留意しておかねばならぬことがある。それは「心をして浄ならしむ」つまり「心浄」という定義である。

基本的なところで、〈信〉を持つという時、初めてその他のさまざまの〈こころ〉の正常な動きが展開するということである。唯識を学ぶ時、理解するという知的な接触の仕方が尊重されるということをいままでもみてきた。それはそれでその通りであるが、考えてみると実はその前に、仏陀への〈信〉が前提となっているのである。われわれが仏典をひもとく時には、そこに人生の何かが説かれているであろうという〈信〉をもっている。日常生活のうえでも、人対人、個人対社会というような相互の関係の根底にも〈信〉があるからこそそれが成立しているといえる側面があるように思う。「信」の逆の〈不信〉の関係を考えてみると、〈不信〉があれば、全てが崩壊していくのに気づく。〈信〉という〈こころ〉の状態が、いかに全体に対して重大な働きをしているかを見落としてはならないことを留意しておきたい。

（2）〈慚〉・（3）〈愧〉

善の心所の第二・三は〈慚〉と〈愧〉である。両方とも「はじる〈こころ〉」である。〈慚〉〈愧〉について『論』は左のように述べる。

慚＝自《じ》と法との力によって賢善を崇重《しゅうじゅう》し、悪行を止息す。

愧＝世間の力に依って暴悪を軽拒《きょうこ》し、悪行を止息す。

併記してみると解るように〈慚〉は内面的自律的であり、おのれを省み、法に照らして己の不完全をはじるのに対して、〈愧〉は他人の眼や世間の噂などを気にして悪行をしないという他律的なはじの心所ということができよう。

内面的な〈慚〉も他律的な〈愧〉もともども己の未熟への省察より生まれるものであるが、宗教的な懺悔《さんげ》・悔過《けか》等は、この心所の延長線上にあるといえるであろう。

(4)〈無貪《むとん》〉

第四は〈無貪〉。流転の人生への執着なき〈こころ〉である。「有《う》と有具《うぐ》とにおいて著することなきをもって性となし、貪著《とんじやく》なきをもって業となす」といわれている。自分と自分の所有するものに対する執着がないことである。

(5)〈無瞋《むしん》〉

第五は〈無瞋〉。「苦と苦具とにおいて恚《い》なきをもって性となし、瞋恚を対治して善をなすをもって業となす」といわれる。〈瞋〉とは「自分の気に入らぬもの」、つまり苦とそれにかかわる苦具とに対して抱くいかりである。〈無瞋〉は当然それがない。それがないということは飛躍するようだが他を立てるということを意味する。他を立てることが本当に会得されるならば、〈無瞋〉が備わるはずである。

（6）〈無癡《むち》〉

第六は〈無癡〉。「諸々の理と事《じ》とにおいて明らかに解するをもって性となし、愚癡を対治して善をなすをもって業となす」といわれる。「道理」とそれが貫く「事実」とにおいてそれを間違いなくはっきりと理解するのが〈無癡〉である。仏教の軸にあるのは、存在や認識の構造すなわち自己の正体を見究め納得し証得することである。その意味で〈無癡〉は仏教の根本にかかわる大切な心所といわなければならない。〈無貪〉〈無瞋〉〈無癡〉を〈三善根《さんぜんこん》〉という。

（7）〈勤《ごん》〉

第七は〈勤〉。つまり「精進」である。『論』には「善悪品の修し断ぜらるる事のなかにおいて、勇悍《ゆうかん》なるを性《しょう》となし、懈怠《けだい》を対治して善を満つるをもって業となす」といわれる。悪を断じ善を修する事実のなかで勝進堅牢であるのを〈勤〉というのである。「勇」というのは精進を表し、「悍」というのは精純を表すと注釈されている。一言でいえば善いことを積極的にためらうことなく純粋に実行することであろうが、『論』のこの文章を見ながら、私はうっかりすると見落とされやすい善の行為の、決然とした力強さの一面を感じる。「善き行為」などという表現には、なんとなくやさしさとか暖かさとか清らかさなどのようなやわらかな感じがこもっているように思う。しかしこの一節には「悪を断じる」という力強い表現がある。それは見落とされてはならない。「善き行為」の背後には、悪を許さず決然として排除するという力強い一面があることを忘れてはならないように思う。〈善〉とは決して脆弱《ぜいじゃく》なものではないのである。

（8）〈安〉

第八は〈安〉。〈軽安《きょうあん》〉の略。文字通り軽やかな境地をいう。『論』では「身心を調暢《ちょうちょう》にする〈こころ〉」といわれるように、身心がのびのびとしたさわやかな状態である。

他の十の善の心所は、皆いっせいに働くのであるが、この〈軽安〉の心所だけは、禅定体験の時にのみ働くといわれる。したがって十一の善の心所が全部そろうのは、禅定中のみである。あらゆる仏道修行中の専注不散《せんじゅふさん》の状態をいう。

（9）〈不放逸《ふほういつ》〉

第九は〈不放逸〉。勤《ごん》と無貪と無瞋と無癡を修めることといわれている。つまり不放逸という特別の心所があるわけでなく、具体的には勤・無貪・無瞋・無癡をつとめることだというのである。こういうように、それ独自の心所があるわけでなく、他の幾つかの心所の組み合わせを指す心所があり、そういう心所を「仮」の心所という。それに対して〈信〉とか〈無貪〉などのように独自の働きをもった心所は「実」の心所といわれる。

善の「仮」の心所には、〈不放逸〉以外に次の〈行捨《ぎょうしゃ》〉〈不害《ふがい》〉がある。しかしでは何故、中途半端な感じのする「仮」の心所などを考えたのだろうか。それは先人たちが修道生活のなかで、内省を深め分析を細やかにしていくにつれて、独自の働きとはいい難いが、しかしどうしても無視できぬ〈こころ〉の働きに出会ったのではなかろうか。「実」の心所とは区別しながら、しかもどうしても抹消できぬ〈こころ〉の働きに出会ったのではなかろうか。古人の苦心の跡が窺えるように思う。

(10)〈行捨〉

第十は〈行捨〉。これも仮の心所。具体的には〈勤〉と〈無貪〉〈無瞋〉〈無癡〉の四の心所であるが、それによって〈こころ〉を「平等」に「正直」に「無功用《むくうゆう》」にさせると述べられる。「平等」とは、いつも変わらず同じ状態であることであり、「正直」とは混じりものがなく真っ直ぐであることであり、「無功用」とは、そういう生き方がしっかり身についで自然のままで備わっていることである。「捨」という語については、他に苦・楽・捨の〈捨〉、つまり非苦非楽を表す語もあるので、混同しないために〈行捨〉という。非苦非楽の〈捨〉は〈遍行〉の心所の〈受〉つまり苦・楽・捨、あるいは苦・楽・憂・喜・捨の一つの状態である。

〈行捨〉は掉挙《じょうこ》を対治して〈こころ〉を寂静ならしめる働きだといわれる。

良き修行とは、いつも同じように起伏なく、持続されるものである。ある時は眼の色をかえて激しく修行するが、ある時はすっかり忘れはてて懶惰《らんだ》な生活を送る。それでもしないよりは良いのかもしれぬが、修行がほんとに身につくというのは、そういう起伏を超えることであろう。静かな境地のなかで、まったく自然に〈精進〉と〈無貪〉〈無瞋〉〈無癡〉が実践されるのである。

(11)〈不害〉

善の心所の最後は、〈不害〉である。「他の有情を損悩しないで悲愍《ひみん》する」といわれる。これも〈無瞋〉の心所の一部分と考える。つまりこれも仮の心所である。

それでは〈無瞋〉と〈不害〉とはどう違うのか。『成唯識論』は「物の命を断じないのが無瞋、物を損悩しないのが不害」といい、さらに「無瞋は楽を与え、不害は苦を抜く」と説明している。〈無瞋〉は〈こころ〉のなかの問題、〈不害〉は、その〈こころ〉が発動して他に危害を及ぼさないという他との関係が入っているといえるであろうか。

そして仏教の歴史は〈不害〉の歴史であったといえよう。仏教は、基本的には他の宗教や教団を破壊することをしなかった。寛容と包容力の思想と歴史である。インドではそういう精神的態度が伏流水のように流れているのかもしれない。マハトマ・ガンジー(一八六九―一九四八)の無抵抗・不服従・不協力運動などもこの水脈のうえにあるように思う。

以上が〈善〉の心所の概要であるが、前述のように、これが「善とは何か」という問いに対する解答である。根底に〈勝義善〉をおいているという意味では、観念的な部分を全く捨て去るのではないが、具体的には、組織的な理論や体系的観念で答えるのでなく、現実の〈こころ〉の状態をもって答えているのは見事である。

そしてこの〈善〉の心所が働くのは、因位にあっては「六識」と注される。仏果位に到れば八識全体が善の心所に満たされることになるが、因位では、第八阿頼耶識・第七末那識は善の心所とともに働くことはない。阿頼耶識・末那識ともに無記法である。したがって、われわれは無記法としての存在のうえに、六識によって善を積み重ねるのである。

4、煩擾悩乱の〈こころ〉（Ⅰ）　煩悩（第十二頌第一・二句）

煩悩謂貪瞋　煩悩というは　いわく貪と瞋と

癡慢疑悪見　癡と慢と疑と悪見《あくけん》となり

煩悩というのは、貪と瞋と癡と慢と疑と悪見とである。

〈煩悩〉というのは、〈善〉の心所の反対であり、空・無相・無我などに背反する〈こころ〉の動きである。「煩擾悩乱《ぼんにょうのうらん》」という。自分の〈こころ〉を、わずらわしくうるさく悩ませ、乱れさせる自分の〈こころ〉の働きである。他人に悩まされるのではない。分類する時には悪・不善などの項目にいれるが、いわゆる倫理・道徳の次元のものをいうではなく、〈こころ〉の苦悶であり〈こころ〉の乱れであり、己自身が苦しむという内面の課題である。

〈煩悩〉は（1）根本煩悩と（2）随煩悩の二に分けられる。

まず「根本煩悩」。

（1）〈貪《とん》〉。むさぼり。この世のすべてのものに染著し、苦を生じるという働き。人間の果てしない執着である。
（2）〈瞋《しん》〉。自分の気にいらぬものに対するいかり。気にいらぬもの――苦と苦具とを憎《ぞう》恚《い》し、不安と悪行との依り所となる。
（3）〈癡《ち》〉。道理と事実とに対して迷闇であり、雑染《ぞうぜん》＝有漏法の依り所となる。つまり空・無相・無我などの真実を理解納得できぬ〈こころ〉の働きである。
この三の煩悩は、煩悩の中でも最も根源的な動きとされ、まとめて「三不善根《さんふぜんごん》」とか「三毒」と呼ばれる。

仏教では、煩悩を情意的なものと、知的なものとに分けて捉える。〈貪〉は前者であり、〈愛〉ともいわれる。理屈も理由もなく、ただひたすら自分や自分のもちものを盲目的に愛著しつづけるのである。一方〈癡〉の方は、①道理にも②道理に貫かれる存在に対しても、理解の眼が開けないという愚さである。別のことばでは、〈無明《むみょう》〉である。「十二縁起」という仏陀の教説には、第一に迷いの根源として〈無明〉があげられ、第八番目に〈愛〉が捉えられている。〈癡〉＝無明と〈貪〉＝愛とが迷いの展開の重要な位置に置かれているのである。

盲目的情念ともいえる〈貪〉が、三毒のなかでも最も根源的な位置にあるようにも考えられ、また、『成唯識論』の「諸煩悩生必由癡故《しょぼんのうしょうひつちゅうちこ》」（諸煩悩の生じるは必ず癡に由るが故に）という文章のいうように、〈癡〉煩悩の方がさらに根源的ともいえるように思われる。

それに比べると〈瞋〉は、自分と他の存在との間のことであるので、いうならば自分の内面のことである〈貪〉・〈癡〉にくらべて、二次的な煩悩のようにも受け取られるが、必ずしもそうといえないように思う。自分に愛着し自分の実態に無知である故に、その自分に順わないものへの激しい「いかり」は、激烈な姿を表す。〈貪〉と〈癡〉は自分の内側に強い苦悶を呼び起こし、〈瞋〉は外に対して矛先を向けるが、内にたぎる苦悶は同じなのではなかろうか。

〈貪〉こそが根本だとみる見方もあろう。〈癡〉こそが迷いの根源だという見方も当然ある。だが私は、それについて、どれが一番基本になると決めてはいけないと思う。古来「三不善根」「三毒」などといいならわされてきたように、どれかが根源なのではなく、三者は相互にかかわりながら縁起するのである。

（4）〈慢〉。根本煩悩の第四は〈慢〉。慢心・高慢な〈こころ〉で、なんとかして他人に比べて自分を上位におこうとする。『論』には「己を恃んで、他において高《こう》拳《こ》し、苦を生じる」心所と説かれている。この心所は実にやっかいな心所で、後から後から涌き上がってくる。自分の中に高慢な慢心が潜んでいることもなかなか自覚しないものだが、それに気がつくと、高慢な自分を自覚したという慢心が起きてくる。慢心を自覚してそれを乗り超すと、慢心を乗り超した、慢心などという低劣な心情は持たないという慢心がわきあがってくる。古人はそのあたりの心情を捉えて「七慢」という慢心の分析をのこしている。『大毘婆沙論《だいびばしゃろん》』『述記』のそれを紹介しておく。

1、慢　＝劣に於いて、おのれ勝と計《け》し、等に於いて、おのれ等と計す。
2、過慢《かまん》＝等に於いて、おのれ勝と計し、勝に於いて、おのれ等と計す。
3、慢過慢＝勝に於いて、おのれ勝と計す。
4、卑慢　＝他の多勝に於いて、おのれ少劣という。
5、我慢　＝自ら侍んで、高挙す。
6、増上慢《ぞうじょう》＝未だ得ざるに、すでに得という。
7、邪慢　＝おのれ無きに、おのれ有という。

「劣」は劣等、「勝」は優越。「等」は同等。「計」は考えたり、思ったりしていること。
1、〈慢〉は、他人と自分とをひき比べて、劣等のものに対しては自分が優越をしているると思い、同等のものに対しては、同等だと思うことだという。これは優劣の事実をありのままにそのままみているということだから、別にわざわざ「慢心」の一つと考える必要もないように思われるが、何故第一の〈慢〉といわれるのか。それは相手と自分とを比較し意識する気持ちが働いているからである。たとえ相手と自分との間に、多少の優劣があろうが同等であろうが、それぞれの人はそれぞれの人生を生きるのだから、本来それを意識したり優劣を計算することは無用のはずだ。優劣・同等が意識されたということ自体が慢心を引き起こす根源なのである。

2、〈過慢〉はもう推察されるであろう。同等のものにたいして自分を優位におこうとし、優越したものに対しては、同等だという思いを持つのである。

3、〈慢過慢〉は、慢心がだんだんと蒿じてきて、勝者に対して、しかし自分の方がより勝れていると内心密かに思うのである。

4、〈卑慢〉は、相手の優越を認めざるをえないところまで追い詰められるのだが、それでもその差はわずかだと思う。負けの現実は認めながら、しかもその差を素直に認めない。

5、〈我慢〉。「侍」とは、たよる、あてにするなどの意味。自分を頼りにして、自分を人よりも優越したものと意識し、他を見下すのである。〈我慢〉は日常よく使われる現代語の一つであり、「堪え忍ぶ。自制。自己抑制。」などの意味に使われている。いわば創造的な概念である。これは唯識の〈我慢〉の定義のうち前半の「自ら侍《たの》む」という部分だけが独立し、意味も多少変化した形で慣用されているのではなかろうか。日本の「近世後期からの用法らしい」（『岩波仏教辞典』）といわれている。人間にとって自尊心とか自負心とか自己衿持、誇り、プライドなどの気持ちは人格の保持にとって重要なプラスの働きをしている。仏教語としての〈我慢〉の前半にはそういう意味も含まれているといえばいえるであろう。問題は誇りやプライドが、高慢な気持ちへと変質し、他を軽んじ見下すところにある。

6、〈増上慢〉は、仏道修行にとって、特に用心しなければならぬ慢心である。解ってもいないくせに、解ったと思い解ったと公言する思い上がりである。修行の途上のあちこちに口を明けて待つ落とし穴である。解ったと思った瞬間、修行は即座に停止してしまう。修行上の虚栄心であろう。見栄を張る〈こころ〉である。

7、〈邪慢〉は、自分には無いものを、対抗意識で、有ると思い上がる。これも、見栄とか虚栄心の一つであろう。

以上が「七慢」の概要である。『瑜伽論』には、〈高挙《こうけ》慢〉〈卑下慢〉という見方も紹介されている。〈高挙慢〉は七慢に示されたような思い上がる慢心である。それに対して〈卑下慢〉は逆の慢心である。表向きは謙虚に自分をへりくだるのだが、よくよく心の底をのぞいてみると、へりくだる〈こころ〉のなかに意外にも高慢な気持ちが潜んでいるのに出会うことがある。

「慢」という心所には、一筋縄では押さえ難い複雑な働きが潜んでいるようだ。

（5）〈疑〉。『論』には「諸《もろもろ》の諦《たい》と理とにおいて猶予する」心所といわれる。「諦」とは四諦の教え、「理」はそこに示される真理すなわち縁起・空の真理に対して疑心を持つことである。真理に対する猜疑心である。本当に空・縁起の真理を会得すれば、苦悩を解脱できるのか。仏陀の教えのとおりに無我に徹すれば安心立命できるのか。利他行は人としてすばらしい生き方ではあろうが、それを忠実に実行していると激しい生存競争に負けてしまうのではないのか。そういう疑問をどこかで一度は問うのではなかろうか。

ただ仏典のなかには、疑問を持つとか、大疑を抱くなどという態度が高く評価されるところがある。その場合は安易な知性放棄や歯の浮くような信心を戒めているのであって、裏からいえば、徹底した真理探究の精神を指している。煩悩の〈疑〉はそういう真理の存在自体を疑うのであるから、そこからは建設的な人生は生まれてこない。

（6）〈悪見〉。自我意識にもとづいたものの見方である。縁起・空・無相・無我・無常などを理解しない自我中心の見方である。『論』には「諸の諦と理とにおいて顚倒《てんどう》に推度《すいたく》する染《ぜん》の慧《え》」といわれている。真実は無常・無我であるのに、自我意識を離れないので、「顚倒推度」つまりものごとをさかしまに見、さかしまに感受し、さかしまに考えるという。仏教では「四顚倒見《してんどうけん》」を説く。

不浄　→　浄
苦　→　楽
無我　→　我
無常　→　常

上段が正見、下段が顚倒見である。真相を徹見する智慧によって見ると、この世の一切は不浄であるのに、人はそれに気づかず、浄であると顚倒に見る。人生は苦であるのに、楽と思い込んでいる。無我・無常であるのに我・常と見る。

周知のようにこの四顚倒見は、大乗仏教の『涅槃経《ねはんぎょう》』ではもう一度転換されて、人生は浄・楽・我・常であるという認識を生み出す。否定的な見方である正見を逆転させて、一切法を肯定的に見る眼を育ててきた。一言で顚倒見といってもその意味するところは深いのである。

〈悪見〉は詳しくは五つに分析される。

①〈薩迦耶見《さつがやけん》〉。サッカーヤという梵語の音写語。有身見・身見・我見などと訳される。不変常住の自我と自我の所有物への愛著を軸にした見方である。そこを軸にするから、感じ方も見方も行動の仕方も狂ってくる。『成唯識論』「巻九」の煩悩障を説明するところでは、「薩迦耶見を上首《じょうしゅ》とする百二十八の根本煩悩」という一節があり、この薩迦耶見が情

意的な迷妄の根源となるということを示している。
「百二十八の根本煩悩」を視覚化すると次の表のようになる。

百二十八根本煩悩

A見惑（112）―分別起

三界	四諦＼根本煩悩	貪	瞋	癡	慢	疑	薩迦耶見	辺見
無色界	道	○	×	○	○	○	○	○
	滅	○	×	○	○	○	○	○
	集	○	×	○	○	○	○	○
	苦	○	×	○	○	○	○	○
色界	道	○	×	○	○	○	○	○
	滅	○	×	○	○	○	○	○
	集	○	×	○	○	○	○	○
	苦	○	×	○	○	○	○	○
欲界	道	○	○	○	○	○	○	○
	滅	○	○	○	○	○	○	○
	集	○	○	○	○	○	○	○
	苦	○	○	○	○	○	○	○

邪見	○	○	○	○	○	○	○	○	○	○	○	○
見取見	○	○	○	○	○	○	○	○	○	○	○	○
戒禁取見	○	○	○	○	○	○	○	○	○	○	○	○

B修惑（16）―倶生起

根本煩悩＼三界	無色界	色界	欲界
貪	○	○	○
瞋	×	×	○
癡	○	○	○
慢	○	○	○
薩迦耶見	○	○	○
辺見	○	○	○

まず大きくは二に分けられる。Aは〈見惑《けんわく》〉、つまり知的に縁起・空の神髄を会得した

時に断じられる迷妄。Bは〈修惑《しゅわく》〉、つまり人格に浸透している情念を清算するための修道で、漸次に断じられる迷妄。知的迷妄は空の知的会得と同時に一挙に打破されるが、人格の底に浸透した情念的迷妄は、長い時間と修行によってのみ清算されるのである。表でみるとA見惑の方が数ははるかに多いが、なくなるのは瞬時である。B修惑は数からいえばわずか十六にすぎないが、そのなくなり方は少しずつしかなくならない。

〈見惑〉百十二、〈修惑〉十六、合計百二十八となる。

表の意味するところだが、たとえば一番下の欄を見ると、全部の煩悩に○印がついているが、全部の煩悩が働くために、人生は苦であるという真実が解らないことを意味している。色界・無色界も基本的には変らないが〈瞋〉煩悩のみが違う。

〈瞋〉煩悩についてみると、〈瞋〉は欲界のみにあって色界・無色界には×印がついている。これは欲望の支配を脱して清澄な境地が深まるにつれて利己的な「いかり」はなくなることを表す。裏からいえば〈瞋〉の働く間は、欲望の世界に住んでいるということになる。

次に〈見惑〉と〈修惑〉を比べてみると、〈見惑〉には苦・集・滅・道の四聖諦が、それぞれ欲界・色界・無色界に列記されているが、〈修惑〉にはそれが挙げられていない。表がすっきりしている。これは〈見惑〉は知的迷妄であるからそれを自覚したり観察したりする場合にも分析的な習慣がつきまとうのであり、〈修惑〉の方は情念的な性質のものなので、分析的な観察・反省が通用しないからだといわれる。〈見惑〉〈修惑〉は大切な分析なので後でもう一度触れることになる。

②〈辺執見《へんしつけん》〉。偏った見方。人が死ねば一切が断滅するという断見、霊魂のようなものが断えることなく実在するという常見というのがもとの意味である。われわれのなかには、是でなければ非、非でなければ是というように、二支選択的な思考がある。そうする方が明快になるからであろうが、そういう思考の習慣が真実の認識をくらます。

③〈邪見〉。因果の道理と、その作用と、因果の道理に貫かれた存在を誹謗する見方である。広い意味ではすべての悪見が邪見であるが、狭義においては因果の否定を指す。

④〈見取見《けんじゅけん》〉。仏教以外の見方や考え方が真実と思い、それに執着した見方である。一切の闘諍《とうじょう》の依り所となると『論』は述べる。自分の主義・主張を反省することなく、絶対化するところから生じるのは争いだけである。

⑤〈戒禁取見《かいこんしゅけん》〉。間違った戒律とそれに従った生き方を正当と思い、それによって解脱に至り得ると執着する悪見をいう。そこには、なんのプラスにもならない「無利の勤苦《ごんく》」があるだけである。ことわるまでもないことであるが、仏陀は苦行主義や根性論のような偏狭な生き方を否定された。かといって安易な自己肯定論を是認されるのではない。

以上が〈悪見〉を五に分けたものであるが、これによると〈根本煩悩〉は〈十根本煩悩〉となり、〈悪見〉を一つにまとめれば〈六根本煩悩〉ということになる。

そこで〈根本煩悩〉全体について、一、二のことについて触れておきたい。

第一は〈分別起《ふんべつき》〉と〈倶生起《くしょうき》〉の分類である。前述の「見惑」「修惑」の別の角度からの把捉である。〈分別起〉とは見惑であり、邪師と邪教と邪分別とによって生じた煩悩をいう。いわば人間が成長の過程でその環境や境遇から身につけた煩悩である。〈倶生起〉とは〈修惑〉であり、命を授かったと同時に具わっている煩悩である。経験によらないという意味で先験的、あるいは先天的生得的に具備する煩悩といえばよいであろうか。人間は生まれた時から、煩悩を与えられているということの見方はなかなか厳しい。煩悩とは「煩擾悩乱」であるがそのうるさい煩わしさは、自分のなかに持っているので、外から与えられたものではないということになる。

〈十根本煩悩〉には、（1）ただ〈分別起〉だけのものと（2）〈分別起〉と〈倶生起〉の両方に通じるものとある。次の通りである。

（1）ただ〈分別起〉だけのもの。

①疑　②邪見　③見取見　④戒禁取見

（2）〈分別起〉〈倶生起〉の両方の性質を備えたもの。

①貪　②瞋　③癡　④慢　⑤薩迦耶見　⑥辺見

つまり、たとえば〈貪〉煩悩には、先天的なものと、経験的なものとがあるということである。先天的なものは人格の奥処に浸透しているので、それを除くには不断の修行が必要であり、経験的に身につけたものは、知的な縁起・空の会得と同時に一挙に消え去る。

古人はこれを『成唯識論』巻六の文章を組み合わせて「疑後三見唯分別起《ぎごさんけんゆいふんべつき》、六通倶生及《ろくつうくしょうきゅう》分別起《ふんべつき》」とまとめた。

次にこの〈根本煩悩〉は、八識のどれどれのうえに働くのであろうか。左の通りである。

（1）前五識＝貪・瞋・癡
（2）第六識＝十根本煩悩
（3）第七識＝貪・癡・慢・薩迦耶見
（4）第八識＝×

〈前五識〉は感覚機能であるから本来はいろいろな思量の働くところではないが、前五識の働く時には必ず第六識も働いて知覚作用は完成するので、その第六識の影響を受けて前五識にも貪・瞋・癡の三根本煩悩が働くとする。

〈第六識〉は全ての心所と倶に働くので、根本煩悩も当然全て働く。

〈第七識〉は『三十頌』に「四煩悩常倶」と示されているように四根本煩悩（貪・癡・

慢・薩迦耶見）が働く。

〈第八識〉は無覆無記《むふくむき》の性質であるから、煩悩と共働することはない。善ではないがまた悪でもない透明な存在のうえに、われわれは自分で煩悩を生み出し、自ら苦しんでいる。そういう凡夫の実態が映し出されている。

5、煩擾悩乱の〈こころ〉（Ⅱ）　随煩悩（第十二頌第三句―第十四頌第二句）

随煩悩謂忿　随煩悩とは謂く忿《ふん》と
恨覆悩嫉慳　恨と覆と悩と嫉《しつ》と慳《けん》と
誑諂与害憍　誑《おう》と諂《てん》と害と憍《きょう》と
（小随煩悩）
無慚及無愧　無慚《むざん》と及び無愧《むき》と
（中随煩悩）
掉挙与惛沈　掉挙《じょうこ》と惛沈《こんじん》と

不信併懈怠　不信と併に懈怠《けだい》と
放逸及失念　放逸と及び失念と
散乱不正知　散乱と不正知《ふしょうち》となり
（大随煩悩）

仏教では、煩悩を〈根本煩悩〉と〈随煩悩〉の二つに分類する。ここに挙げられるのは〈随煩悩〉である。〈随煩悩〉はA小随煩悩、B中随煩悩、C大随煩悩の三に分けられる。また根本煩悩の「分位」のものと「等流性《とうるしょう》」のものという分類をするが、それについては後に述べる。（226頁）

A、小随煩悩（第十二頌第三・四句・第十三頌第一句）

（「各別起の故に」といわれる。独自の性格が強く、個々別々に働く。幅が狭いので小随煩悩というが、決して弱い煩悩ではない。）

（1）〈忿〉。いかり。目の前の気に入らぬものに対して、打ったり叩いたり、怒鳴ったり罵倒したりする爆発的ないかりである。「現前の不饒益《ふにょうやく》の境に対して憤発《ふんぱつ》し、暴悪な行為を発《おこ》す」（『論』）といわれる。

〈瞋〉の分位。

（2）〈恨〉。うらみ。憎悪の気持ちを持ちつづけ、くやしがったり無念に思って忘れぬこと。「にくしみを懐いて捨てず怨を結ぶ」（『論』）といわれる。

〈瞋〉の分位。

（3）〈覆〉。自分の過誤や悪を隠すこと。「自作の罪によって利益や名誉を失うのをおそれて隠蔵《おんぞう》する」（『論』）といわれる。〈貪〉と〈癡〉の分位。かくすとか覆い隠すという行為の底には隠せば判らないだろうという愚かさ＝癡が潜在している。

これを「ふく」と読むのは問題があるといわれる。「ふく」と読むときは、くつがえす、くつがえる、という意味であり、隠すという意味のときは「ふ」と読むのが正しい。煩悩の「覆」はおおい隠すという意味だから、「ふ」と読むのが正しいかもしれないが、古来、「ふく」と読むのが習わしである。

（4）〈悩〉。忿や恨に思うことを想起して悩み苦しむこと。

〈瞋〉の分位。

（5）〈嫉〉。嫉妬である。『成唯識論』は「他の栄に耐えず」と定義しているが見事である。他の人が、繁栄し幸福になるのを、喜んで見ることができず、それを妬んで自ら苦しむのである。
〈瞋〉の分位。
（6）〈慳〉。ものおしみすること。ものをも惜しみ法をも惜しむ。
〈貪〉の分位。
（7）〈誑〉。相手をたぶらかすこと。他人をだますこと。他人の眼を誤魔化して生きること。そのために自分の生き方を曲げる。
〈貪〉と〈癡〉の分位。
（8）〈諂〉。へつらい。自分の生き方を曲げてまで、相手にとりいろうとする。
〈貪〉〈癡〉の分位。
（9）〈害〉。自分を守り自分を売るために他を害すること。善のなかの〈不害〉の心所の裏になる。
〈瞋〉の分位。
（10）〈憍〉。自分の盛事を誇ること。「自の盛事に酔傲《すいごう》する」と『論』はいう。われわれは、自分の才能・能力・若さや健康などなど多少でも他より優れた面を見つけてはおごりたがる。
〈貪〉の分位。

以上が小随煩悩の概要であるが、これらはみな〈根本煩悩〉のどれかの分位であるので整理してみると次のようになる。

一、〈貪〉の分位のもの＝覆・慳・誑・諂・憍

二、〈瞋〉の分位のもの＝忿・恨・悩・嫉・害

三、〈癡〉の分位のもの＝覆・誑・諂

つまり「小随煩悩」は貪・瞋・癡の三毒の変形といえる。貪・瞋・癡の三毒が千変万化しながら出没して、いかに人を惑わしているかが示されるところである。もちろんそれは、われわれがわれわれ自身のなかに生み出した愚迷な自分であるのだが。

B、中随煩悩（第十三頌第二句）

（1）無慚

（2）無愧

中随煩悩は、不善の〈こころ〉のなかに遍在する随煩悩である。

〈無慚〉も〈無愧〉も、はじを知らないこと。

〈無慚〉は、自と法とに顧みて、はじを感じるというような気持ちのなさである。

つまり自己の良心と真実の理法とに照して反省するというような内面性がないのである。〈無慚〉より外面的といってよいであろう。

〈無愧〉は、世間体を気にしないという随煩悩である。

不善心に遍在するといわれるから、内面的にせよ外面的にせよ自分を顧み自分のいたらなさを自覚する〈こころ〉のない状態が、いかに不善に直結するかを指摘されるところである。不善の〈こころ〉の底に、いかに強く厚顔無恥が潜んでいることか。

C、大随煩悩（第十三頌第三・四句第十四頌第一・二句）

〈大随煩悩〉は、〈染心《ぜんしん》〉に遍在する随煩悩である。〈染心〉とは不善と有覆無記である。〈有覆無記〉は、有覆ではあっても無記であることに違いはない。つまり大随煩悩は不善のようなはっきりした性質の場合ばかりでなく、汚れともいうべき細密な〈こころ〉の状態にも見出だされるという。大随煩悩は八ある。

（1）〈掉挙〉。〈こころ〉が昂ぶり騒ぎたつことである。この状態になると平静な落ち着き（行捨）と清澄な心境（奢摩他《しやまた》・定《じよう》）が失われる。直接他人に危害を加えるというような強い働きではないが、内面が冷静でない。興奮状態では真実は見えない。

（2）〈惛沈〉。〈こころ〉が沈むこと。ちょうど悼挙の反対である。軽やかな柔軟性と透徹した智慧（毘鉢舎那《びばしゃな》・観）がにぶる。建設的に〈こころ〉が動かなくなる。

（3）〈不信〉。この心所の特徴は、余の心・心所をも巻き込んで渾濁《こんだく》させてしまうところにある。「渾」とはいりまじること。ちょうど穢れた水で汚れたものを洗うようなものだ。不信感というのはこわいものである。一度不信感をもってしまうと、すべての関係が崩壊してしまう。することなすこと、ことごとく信用できなくなってしまうものである。これも直接他人を傷付けたり叩いたりすることはないが、〈こころ〉の底での繋がりが切断されてしまうので、本人は冷たい孤独な寂しさに陥るし、建設的創造的な〈こころ〉の動きは失われてしまう。

〈不信〉と良く似た心所に、根本煩悩の〈疑〉があるが、どう違うのだろうか。私の感想だが、〈疑〉の方は、まず一度正面からとりあげて、その上で疑うのではないであろうか。まだてがかりがあるように思うのだが、〈不信〉の方は、とりつく島がない。向き合うことさえ拒否されるような冷たい関係のように思われる。それが仏であれ真理であれ、人と人との間においてであれ、〈不信感〉をもつということは、相互の関係に重大な意味をもつということを忘れてはならないように思う。

（4）〈懈怠〉。善いことを積極的に進め、悪事を防ぐのを怠る煩悩である。『成唯識論』には、「染事（悪・有覆無記）のことを熱心にすることも懈怠だ」といわれているので、これは単なる怠け〈こころ〉ではなく、空・無相・無我の仏道の方向を向いているかどうかが問われているように思う。

（5）〈放逸〉。染品《ぜんぼん》を防ぎ、浄品《じょうぼん》を修めることにだらしないこと。これは〈懈怠〉と、よく似ているのだが、〈懈怠〉は善悪品に対するのであり、〈放逸〉は染浄品に対してという違いがある。染浄品とは、善悪という価値基準と違い、さらに深い仏教的基盤に立っているといえる。つまり「有漏」「無漏」というもう一歩深い宗教性の立場から生き方が問われているのである。染汚《ぜんま》であるか、清浄であるかが問われているのである。

（6）〈失念〉。はっきりと記憶できないという〈こころ〉の状態。別境の心所に〈念〉＝明記《みょうき》不忘《ふもう》という心所があったが、失念はちょうどその裏になる。

「忘れる」ということが何故煩悩なのか。「忘れる」ことが煩悩であるとすれば、老いて記憶力が衰退することは、そのまま煩悩が増大することとなり、肉体が年齢をとればとるほど仏道から離れることになる。むろんそういう面もあるかも知れないが、年齢をとればとるほど円熟する面もあるはずである。そのあたりをどう理解するのか。

確かに仏教についての記憶がなければ、それを折りに触れて磨きあげたり掘り下げたりできないから、忘れてしまえば何事も始まらない。失念はやはりマイナスなのである。

だが〈失念〉は果たしてそういうことのみを指すのだろうか。私は三宝に対する深い認識や憧憬を忘れることだと解釈する。個々の具体的な単語や経典の文言を忘れることとそのこと、をいうのではなく、仏道という真実の実在を〈失念〉してしまうのである。

（7）〈散乱〉。〈こころ〉がきちっと定まらないで、散漫な状態にあること。『成唯識論』には、「悪慧の依り所」といわれているので、ただ漠然と散漫であることではなく、仏道の空・無相・無我の真実に違背することといってよいであろう。

前出の〈掉挙〉とよく似ているが、〈掉挙〉が〈こころ〉自体の興奮状態であるのに対して〈散乱〉の方は境が決まらないのである。つまり〈こころ〉の方向がふらふらしているのである。

（8）〈不正知〉。対象を謬解《びゅうかい》すること。対象への誤った認識をいう。

仏教の教えの根幹は、智慧行であるということを前にみたが、それを思い起こしてみると、対象への誤謬認識は煩悩の一つといわれなければならないのである。

以上で〈随煩悩〉が終わるが、〈随煩悩〉には①根本煩悩の分位、つまり根本煩悩の具体的な働きの一面という性質のものと、②根本煩悩の等流性、つまりその性質の延長線上に捉えられるものとがある。「分位」とは、根本煩悩の一面という意味であるから、あるのは根本煩悩であり、そこに列記される〈随煩悩〉は「仮法《けほう》」であるといわれる。それに対して「等流性」のものは、根本煩悩の延長線上にあるとはいえ根本煩悩とは別の独自の性質をもっているので「実法」という。
整理してみると次のようになる。
①根本煩悩の分位のもの。（仮法）
忿・恨・覆・悩・嫉・慳・誑・諂・害・憍・放逸・失念・不正知
②根本煩悩の等流性のもの。（実法）
無慚・無愧・掉挙・惛沈・散乱・不信・懈怠
このうち「分位のもの」とは、それぞれどの根本煩悩の分位なのであろうか。
1忿＝瞋、2恨＝瞋、3覆＝貪・癡、4悩＝瞋、5嫉＝瞋、6慳＝貪、7誑＝癡、8諂＝貪・癡、9害＝瞋、10憍＝貪、11放逸＝懈怠・貪・瞋・癡、12失念＝念・癡、13不正知＝慧・癡、
1忿から10憍までは「小随煩悩」であり、それぞれ根本煩悩の分位であるが、終りの11放逸・12失念・13不正知は「大随煩悩」であり、それらには放逸に大随煩悩の懈怠、失念に別境の念、不正知には別境の慧が数えられている。大随煩悩や別境の心所の分位でもあるのである。
そこで今度は、根本煩悩を軸として、どの根本煩悩の分位なのかを整理してみると、次のようになる。

一、〈貪〉の分位のもの＝覆・誑・諂・憍・慳・放逸
二、〈瞋〉の分位のもの＝忿・恨・悩・嫉・害・放逸
三、〈癡〉の分位のもの＝覆・誑・諂・放逸・失念・不正知

これによってみると、〈放逸〉がいかに貪・瞋・癡の三毒に毒されているか、〈覆〉〈誑〉〈諂〉が貪・癡の二毒の支配下にあるかが解るし、三毒が根本煩悩のなかでいかに大きな影響力を持つかを知ることができる。

また〈失念〉と〈不正知〉とには別境の念と慧の心所が挙げられており、別境の心所が煩悩として動く一面を示している。因みに第七識と相応して働く心所の一つに別境の〈慧〉の心所があったが、ここに重ねてみるとなかなか意味深いものを感じる。

6、善悪いずれへも　不定（第十四頌第三・四句）

不定謂悔眠　　不定《ふじょう》というは謂く悔《け》と眠《めん》と
尋伺二各二　　尋《じん》と伺《し》との二に各二あり

不定の心所というのは、悔と眠と尋と伺との四であり、①悔・眠の一類と②尋・伺

の一類とにそれぞれ染・不染の二類がある。

心所の最後は〈不定〉である。〈悔〉〈眠〉〈尋〉〈伺〉の四の心所は善悪の性質が決まっていない。善の心・心所とも、悪の心・心所とも相応して働く。

（1）〈悔〉。「後悔」後悔は悪いことについて後悔することもあるが。善いことをしたときにも働くことがある。不定である。

〈悔〉は悪作《おさ》ともいわれる。このときの「悪」はにくむという意味である。

〈悔〉は、きわめて日常的な心理であるが、これが宗教的に深められると、「懺悔《さんげ》」「悔過《けか》」となる。後悔というきわめて日常的な〈こころ〉の動きは宗教的に重要な働きをする。

（2）〈眠〉。ねむけである。「みん」とも「めん」とも読まれる。これは心所の一つであるから、朦朧とした意識の状態である。身体的な睡眠そのものではない。

眠るべき時に眠るのは善の睡眠であるが、眠ってならない時に眠るのは悪の睡眠となる。ただねむけというのは、さまざまの〈こころ〉の活動が衰退した状態のようにも考えられ、わざわざ一つの心所として定立する必要もないようにも思えるのだが心配事があったり不眠症のときを考えてみると、積極的に睡眠に誘う独自の心所とした見方も首肯される。

（3）〈尋〉
（4）〈伺〉

ともに言葉によっていろいろに思いめぐらすことである。同じ〈こころ〉の状態であるが、〈尋〉は〈伺〉よりも麁であり、〈伺〉は〈尋〉よりも細だといわれる。麁・細の違いはあっても、善悪いずれと定まってはいない。

①〈尋〉は三界の中では欲界のみに働き、②〈伺〉は欲界と色界の初禅とに働き、③二禅以上は両方とも働かない。①を〈有尋有伺〉②を〈無尋唯伺〉③を〈無尋無伺〉という。『三十頌』の「二各二」というのは、まず前の「二」は①悔・眠の一類と②尋・伺の一類を指し、後の「二」は染《ぜん》・不染で、悔・眠にも染・不染の二があり尋伺にもまた染・不染の二があると解釈される。不定の四心所は、どれも染・不染の両方に働くということを意味する。

① 悔〈 染 / 不染
　 眠〈 染 / 不染

② 尋〈 染 / 不染
　 伺〈 染 / 不染

『三十頌』は一頌を五言絶句の型にまとめたため、注釈抜きでは理解しにくい所もあるが、ここもその一例であろう。

八、諸識の動き（Ⅰ）（第十七頌）

是諸識転変　是の諸識は転変して
分別所分別　分別たり所分別たり
由此彼皆無　此に由って彼は皆無し
故一切唯識　故に一切唯識なり

以上述べた諸識、つまり三能変《さんのうへん》の〈こころ〉は、分別する方と分別される方とに分かれて働く。

だからそこに顕現する分別と所分別とは実体的なものではなく、本質的には無である。

故に、一切諸法は〈こころ〉の変現したもの、つまり唯識なのである。

『三十頌』は、第十六頌まで〈三能変〉と〈心所〉とについて心理分析的に詳細に述べてきたのであるが、その理解の姿勢は〈こころ〉を静止的にしかも実体的に表現してきたという傾向は否定できなかった。

〈八識〉といえば眼識・耳識・鼻識・舌識・身識・意識・末那識・阿頼耶識であり、それが別々に重層的にあると理解され易い説明の仕方であった。こころの働きである〈心所〉も五十一に分析されていて、固定的・実体的・独立的に考えられやすい傾向があった。たとえば『成唯識論』は道理世俗諦に立脚することを表明したうえでの論述であるから、ほんとうに八識・五十一の心所を実体視しているわけではないのだが、〈こころ〉を実体視したり固定化していると誤解されやすい傾向はある。

第十七頌は、それを受けて〈こころ〉がどのように動くかという視点に立つことになる。固定化した〈こころ〉を、動く〈こころ〉の実態に返して捉えなおそうとするのである。

「諸識」とは八識・五十一の心所を指す。

第十七頌について、『成唯識論』は「唯識九難義《くなんぎ》」という教説を述べている。

「唯識九難義」とは①唯識所因難《しょいんなん》、②世事乖宗難、③聖教相違難、④唯識成空難、⑤色相非心難、⑥現量為宗難、⑦夢覚相違難、⑧外取他心難《げしゅたしんなん》、⑨異境非唯難である。

世間の常識では、外界は実在していると思っているし、この世は物と心から成り立っていると考えているが、唯識仏教は「唯識」（ただ識のみ）といって心識を尊重し、世間の常識と違った立場を主張している。当然それに対する疑問や批判が集中するわけで、唯識はその弁明をしなければならない。その弁明の一つが「九難義」である。その幾つかについてみる。

まず①唯識所因難である。この段では『十地経論《じゅうじ》』の「三界《さんがい》唯心」、『解深《げじん》密経』の「所縁は唯識の所現」、『楞伽経《りょうが》』の「諸法は皆心を離れず」、『無垢称経《むくしょう》』の「有情は心に随って垢浄なり」、『阿毘達磨経』の「四智を成就せる菩薩は云々」というかなりの長文を引用して弁明する。「一水四見」あるいは「一処四見」といわれる有名な教説が見られるところである。それは「一処において鬼と人と天等との業の差別に随って所見は格別である。境がもし実有であるならばこういうことがどうして成立するであろうか」というのである。そこに水がある。外界実在論の立場からすると、そこに水があれば誰でも同じように「水がある」という認識を持つと考える。ところがその認識が成立するのは人間についてのみ言えることであって、地獄に堕ちている有情には水という認識は成立せず、膿河としか見えない。天人には宝厳池としか見えず、魚類にとっては宅路（住家）以外のなにものでもない。つまり一つの水を真ん中に置いて、四種の認識が成立しているということができる。それは外界が実在していないからだというのである。しかしそれは「もの」の存在を否定することではない。否定されるのは、〈こころ〉の中にあると思い込んでいる「境」が否定されるのである。存在していると思い込まれている「境」は自己の中に蓄積された経験や素質にもとづいて現れたものである。人は己の蓄積するものによってそれぞれ別々の世界を造りだしそこに住んでいる。「所見各異」なのである。だから「境」は実在しているとはいえないのである。それが唯識の主張である。

また〈こころ〉の自在を証得した大力の菩薩（八地以上）は自由に、大地を転換して金宝とすることができるという。「境」がもし実在しているならば、そんなことができるはずがない。これを「転換本質《てんかんほんぜつ》」（『述記』）という。なにか神通力などという超能力的エネルギーを連想させる教説であるが、そうではない。人格の転換が認識力の転換を生み、認識力の転換はそのまま「境」の転換を呼ぶのである。如来にとっては、世のすべての有情は親疎《しんそ》を超えてまったくわが子と同等に見える。

⑧外取他心難は、たとえ〈境〉は無であると仮定しても他人の心は厳然として実在しているのではないのかという疑問である。物の存在の否定は一応是認するとしても、しかし他心は私の能縁の心識を離れて外に実際にそこに存在している。心外のものは認識しないというならば、他人の心を見通すことのできる他心通は成立しないではないかというのに対して答えたものである。すなわち他心を「境」とするときは、親所縁《しんしょえん》としての他心を認識しているのであって、他心そのものではない。他心そのものはその後にあ

る疎所縁であって、その上に親所縁として自心の相分を現じてそれを境とするのである。「親しくよく了するものに非ず。親しく了するものは、謂く自の所変である」と述べる。他心の存在を否定するのではない。私の心識の「境」として現れた「他人の心」が否定されるのである。

われわれは直接他心を知ることはできない。考えてみれば隣人の〈こころ〉のどれだけを知り得ているのであろうか。隣人の喜びや悲しみの〈こころ〉を知り得ずして利他行は可能なのであろうか。その難しさを痛感する。

⑨異境非唯難は、たとえ親所縁ではなくとも、疎所縁として他人の〈こころ〉の存在を認めた以上、唯識の主張に背反するのではないかという疑問への答である。

それに対して、唯識は一人の人間の心識についてのみいうのではないという。もし一人の識のみを説くとするならば、どうして凡人とか聖者とか尊卑とか修行の因果の区別などがあるといえるであろうか。誰かが誰かのために説法したり、いかなる法をどのように求めたかというようなことをどのように説明できるであろうか。菩薩が有情に向かって説法されたり布施行を行じられたりするのは、人と人とが切断され通じあうことのない孤独の境域に孤立しているのではないことを語るところであろう。唯識が心識の構造に立脚しながら、人と人とを繋ぐ架橋を示唆する一節であろう。ここに唯識が識一元論とでもいうべき理論に徹底的に基づきながら、しかも多くの有情の存在を否定するものでないことを明示している。

『論』に四食を説く所がある。その一つが段食であり、段食は、食物というものを指すのであるから、ものの存在を否定するのではないのである。ものによって生命は資養されているのである。

九、諸識の動き（Ⅱ）（第十八頌）

由一切種識　一切種識《いっさいしゅじき》に由りて
如是如是変　かくの如くかくの如く変ず
以展転力故　展転力《ちんでんりき》をもっての故に
彼々分別生　彼々《ひひ》の分別生ず

一切種識（第八阿頼耶識）に保持されている種子によって、さまざまの世界を変現する。それが相互に持続しかかわりあうことによって種々の分別を生じるのである。

この「頌」は慈恩大師は「違理の難を釈す」と科段される。唯識のいうことは道理に合わないという批判にこたえる一段である。

いままで唯識転変の教えがさまざまの角度から説きすすめられてきたが、初めて出会う人々が誰もそう簡単に唯識転変の理を理解するというわけにはいかなかった。そこで『三十頌』は種子を熏習《くんじゅう》し保持している第八阿頼耶識から、一切法がどのようにして変現するかをここで説明する。

『頌』の「展転」は、「ちんでん」と読む。八識とそれと倶《とも》に働く心所と、その一つ一つにある相分・見分が相互に支え合いかかわりあう状態をいう。その力によって諸識が動き一切法が変現するのである。

諸識相互のかかわりあいを明らかにするために、『成唯識論』はここで、因・縁・果について詳しく説明を展開する。

ちなみに「因」は十に、「縁」は四に、「果」は五に分析され、まとめて「十因四縁五果」という。次の通りである。

(1) 十 因
1、随説因
2、観待因《かんだいいん》
3、牽引因
4、生起因《しょうきいん》
5、摂受因《しょうじゅいん》

(2) 四 縁
1、因縁
2、等無間縁《とうむげんえん》
3、所縁々《しょえんねん》
4、増上縁

(3) 五 果
1、異熟果
2、等流果《とうるか》
3、離繋果《りけか》
4、士用果《じゆうか》
5、増上果

6、引発因《いんぼつ》
7、定異因《じょうい》
8、同事因
9、相違因
10、不相違因

一切法衆縁所生《いっさいほうしゅえんしょしょう》を根本的立場とする仏教にとっては、それに対する組織的構造的分析を欠かすわけにはいかない。しかしここでそのすべてについて詳説することは難しいので、中で最も重要とされる〈四縁〉についてのみ見ることにする。

1、〈因縁〉は最も近くて密接な関係をいう。「親弁自果《しんべんじか》」と定義される。直接的内的原因と結果の関係をいう。具体的には〈種子《しゅうじ》〉と〈現行《げんぎょう》〉の関係である。前に見たように、一切法は〈種子〉を因として、その果として現起したものであり、その〈現行〉は同時に今度は自分が因となって阿頼耶識に果としての〈種子〉を熏習する。種子（因）→現行（果）、現行（因）→種子（果）という直接的な因果の関係である。

〈因縁〉という語は広い意味では縁起の構造全体を表すことがあり、広くそういう意味で用いられることが多いが、唯識では厳密に区別して〈因縁〉という語は〈種子〉と〈現行〉との直接的関係のみを表すことになっている。すべての現実の行動―〈現行〉は、〈種子〉以外のところから生じることはないし、〈種子〉は〈現行〉を離れて熏習されることはない。すなわち〈種子〉と〈現行〉は最も近い関係にあるから「親弁自果」というのであろう。それは自己と自己の世界は自己が創ることを意味する。

もちろん自己は衆縁所生であることはことわるまでもなく大前提である。それを離れた実体としての自己などはどこにも存在しない。

2、〈等無間縁〉は因縁生の自己を、時間の流れという角度から捉えたものである。「開導して生ぜしむ」と定義され、「開避引導《かいひいんどう》」と釈される。いまの眼識の働きは、「いま」という時間の流れとともに消滅する。そしてそれと同時に「次」の時間の眼識に道を開き、それを引き出す。眼識がそうであるように、耳識もそうだし第六意識も同じであり、第七末那識も第八阿頼耶識もまた同じ構造である。つまり自類は自類を引き出すという関係において連続しているとするのである。

昨日の自己を離れて今日の自己はないし、今日の自己を離れて明日の自己はありえない。人格の統一的連続の問題である。

しかしそれは、裏からいえば昨日の自己の影響力のもとに今日の自己があることを意味し、そこからの脱却がそう容易にできるものでないことでもある。解脱などということがそう簡単にえられるものではない。

3、〈所縁々〉は自己と環境との出会いである。「所慮所託《しょりょしょたく》」と定義される。所慮とは、われわれの思いの対象となることであり所託とはその対象を依り所としてわれわれの思いが動くことである。われわれは存在的にも認識的にも多くの環境世界との深い関係の中にあるが、だからといってそのすべてと交渉があるわけではない。その中の特定なものだけが認識の対象として捉えられたときに、はじめて対象として意味をもってくる。実は対象として捉えられたもの以外は何一つ現れるものはないのだが、〈所縁々〉は特にその対象化される一面を強調したものである。

『成唯識論』はこれにも〈親所縁々〉と〈疎所縁々〉の二面を分析する。〈親所縁々〉は能縁の心識の直接の対象となるものである。すべての意識活動のなかに必ず見出だされる。四分義のことばによると、〈相分〉である。〈相分〉のない〈見分〉は、根本無分別智を除いて他にはない。

これに対して〈疎所縁々〉の方は、ある場合には有るが、ある場合にはない。四分義のことばでは〈本質〉である。〈親所縁々〉の背後にあって直接的に見分の対象となるわけではないが、その〈親所縁々〉のきっかけとなる。直接的ではないということから〈疎所縁々〉と呼ばれるのである。たとえば眼病のため空中に花様の幻覚を見るときには、その空中に舞う花様の幻覚は〈親所縁々〉であるが、それを支える〈疎所縁々〉つまり〈本質〉はどこにもない。

4、〈増上縁〉。以上の諸縁以外のすべての縁をいう。したがってその含む範囲はすこぶる広い。

『成唯識論』は「順」と「違」とがあると説く。「順」とは、現在の自己に対して積極的に働く縁の力であり、「違」とは、現在の自己が持続するのを遮する縁の力である。それは現在の自己に対しては、それを遮するという「違」の働きであるが、次の刹那の自己に対しては生因となる。現在を積極的に支える力と、それを破って未来に繋ぐ力であるとでもいえばよいであろうか。「順」と「違」との縁の力によって現在の存在が支えられ、次刹那への持続が把握される。

〈増上縁〉については古来「与力《よりき》」「不障《ふしょう》」という二の性質で説明されることが多い。「与力」とは、現在の自己を積極的に支える縁の力であり、「有力《うりき》の増上縁」ともいう。「不障」とは、現在の自己の状態に対して邪魔をしない消極的な縁の力である。「無力《むりき》の増上縁」である。

積極的に現在法を支える縁力も無限としかいいようがないが、「不障」の縁力になるとさらにまた無数無量のはてしなき縁のつながりを推測せざるをえない。

自分で解るものもむろん沢山あるが、知ることも気づくこともない多くの縁に支えられ助けられて存在していることを忘れてはならないであろう。〈増上縁〉はそういう縁起としての自分の実態を示唆するものである。

そしてまた忘れてならないことは、自分もまた他において縁となっているということである。縁に支えられているということは、縁力にたいして自分は受け身であることを示す。しかし縁起とは、同時に、自分も一つの縁力となって他を支えていることでもある。良き縁とならねばならないのである。

十、時間の流れのなかで（第十九頌）

由諸業習気　諸業《しょごう》の習気《じっけ》と
二取習気倶　二取の習気と倶なるに由りて
前異熟既尽　前の異熟既に尽くれば
復生余異熟　復た余の異熟を生ず

諸業の習気と相対的な捉え方の習気とによって、前刹那の存在が消滅すると次の生存がまた生じる。そのように生存の持続が限りなく続く。

第十七・八頌が識相互の関係のうえに心識の構造を見たのに対して、ここでは時間の流れのなかの人間存在が示される。

〈習気〉は梵語ヴァーサナーの翻訳語。種子と同意味に使われるところと、別の意味で使われるところとある。ここは同意語と解してよい。人間の行為が一つの力として人格の底に残されたものである。〈異熟〉は過去を背負った人間の生存。

『成唯識論』はこの頌に対して四説かかげている。要点を述べれば次のようになる。

（第一説）「業」を福業・非福業・不動業（上二界の行為）とし「二取」を相・見、心・心所などのように対立的なものの見方とし、それによって生死流転《しょうじるてん》しているとする。

（第二説）「業」を①有漏の善と②諸不善とし、これを有支《うし》習気とする。善・不善業が流転を助けるのである。前にもみたが、善には有漏善と無漏善とがあり、有漏善は、善は善でもその〈こころ〉の底に自我意識が隠されている状態である。それに対して無漏善は自我意識が消滅しているので純粋に清浄な善である。ここは有漏善である。それには自我意識が潜在しているが故に異熟識の流転を助けることになる。

〈二取〉は①我執習気《がしゅう》と②名言習気《みょうごん》である。〈我執習気〉は⒜〈倶生《くしょう》〉の我執と⒝〈分別〉の我執とが人格の底にとどめた力である。倶生の我執は生得的なもの、分別の我執は後天的なものである。倶生の我執は生命の奥深くに浸透しているのでそれを解決することは容易ではない。そういうものを背負ってわれわれは生存している。〈名言習気〉は、これも二つに分類される。⒜〈表義〉名言と⒝〈顕境〉名言である。〈表義〉名言は言葉・概念などであり、〈顕境〉名言は感じとか印象・イメージなど言葉化できなかった経験の熏習したものである。これが生死流転の力となるという。われわれの認識や存在の在り方などに、その人の身に着けた言語や価値観や広くは文化全般の力などが大きく影響しているとみるのである。自分の持つ価値観や文化体系を離れて、われわれの認識が成立することはない。これは阿頼耶識説のところで、阿頼耶識の所縁として充分にみたところである。

〔第三説〕「惑」「業」「苦」の三の角度からこの頌を理解しようとするものである。

〈惑〉とは発業潤生《ほつごうにんじょう》の煩悩をいう。煩悩には①発業と②潤生の二つの働きがある。〈発業〉はむろんさまざまの業を発すことであり、〈潤生〉はその結果として未来の生存を潤《うるお》し生長させる側面である。十二縁起では、無明が発業の惑であり、愛・取が潤生の惑である。無明は知的迷妄、愛・取は情意的惑乱とでもいおうか。

〈業〉は諸業である。

〈苦〉は惑・業の結果として引き起こされた衆苦である。

『成唯識論』はここで唯識の教説にのっとった十二縁起説の解釈を述べる。

十二縁起は無明を根源として、衆生がどのように生死流転を展開しているかを説くものであり、またその無明を消滅することによってどのように還滅《げんめつ》に向かうかを説いたものである。これは唯識のみが説くものではないが唯識も自説の構造に合わせながら紹介をしている。

その特徴をあげると次のようにいえるであろう。

まず十二支を四支に分ける。①「能引支《のういんし》」、②「所引支《しょいん》」、③「能生支《のうしょう》」、④「所生支《しょしょう》」である。

①「能引支」……無明・行

②「所引支」……識・名色・六処・触・受

③「能生支」……愛・取・有

④「所生支」……生・老死

十二支のそれぞれについて、唯識はその教説に基づいた独自の解釈を示すのであるが、いまその一つ一つについては触れないこととする。大体の特徴を三つにまとめておく。

第一の特徴は、四類に分析することである。「能引支」は、無明・行の二支。以後の項目を引き出す力がある点をいう。「所引支」は、その力によって引き出される項目である。同じように「能生支」は、後の項目を生じる力であり、「所生支」は、その力によって生じる果報である。

第二の特徴は、前にもちょっと触れたように「能引支」「所引支」の根源には〈無明〉すなわち知的迷妄を置き、「能生支」「所生支」の根源には〈愛〉すなわち情意的悩乱を置いていることである。唯識は人間の迷妄を知的領域と情的領域で捉えると述べてきたとおりであるが、ここの〈無明〉と〈愛〉もその一つであるし、我執・法執、煩悩障・所知障の分類も同一線上にある。振りかえれば、われわれの中に、その二領域の迷妄を見出ださざるをえない。「能引支」「所引支」と「能生支」「所生支」のその二の分類は人間に知的迷妄と情的悩乱の二面のあることを見事に浮き彫りにしているように思う。

第三の特徴は、二世一重の視点で十二支が捉えられていることである。十二支縁起は、『倶舎論』でも説かれる教説であるが、それは唯識といささか異なり、三世両重《さんぜりょうじゅう》の立場にたっている。すなわち「無明」「行」を過去世、終りの「生」「老死」を未来世と捉え、その中間を現在世とする。それを三世両重の十二縁起という。それに対して唯識は、前の十支と後の二支とに分け、前の十支を過去世とすれば後の二支は現在世であり、前の十支を現在世とすれば、後の二支は未来世とするという捉え方をする。それを二世一重の十二縁起という。それぞれに理由のあることだが、三世両重説には過去・現在・未来の三世を向こうに置いて冷静に三世を見つめているという感じがあるのに対して、二世一重説のほうには、過去と現在の自己、現在の自己と未来の自己というような実存的な自己探究の真剣な姿勢が強く感じられるように思う。

『成唯識論』はここでさらにもう一つ重要な二種の生死という教説を述べている。すなわち（1）分段生死《ぶんだんしょうじ》、（2）不思議変易生死《ふしぎへんにゃく》である。

この十九頌は、「前異熟既尽、復生余異熟」とあるように持続性という角度から人間を捉えるところである。それを「生死相続」という。人生を「生死」という形で捉え、「生死」とは何かということが問われるのである。

「分段生死」とは、それぞれの人が、それぞれの身体を持ち、それぞれの個性や寿命をもって、さまざまの縁の力にかかわりながら生きている現実のわれわれの人生をいう。「父母所生の身命《ぶもしょしょうしんみょう》」である。衆生が生まれ変わり死に変わりしながら持続する生死流転の身命である。惑・業を因としさまざまの種子を保持しながら展開する人生である。

「不思議変易生死」とは、それと違って、大悲・大願・大定《だいじょう》によって展開する無漏の人生である。慈悲と大誓願と禅定力《ぜんじょうりき》によるのである。『論』には「(分段生死を)改転して定まれる斉限《せいげん》がない」と述べられている。持続するという点でいえば、分段生死と変わらないがその内容は全く違うのである。

菩薩の内、智慧力の勝れた「智増《ちぞう》の菩薩」は、十地の段階の初地において、分段生死を離れて不思議変易生死に入り、慈悲力の勝れた「悲増《ひぞう》の菩薩」は第八地に入るまでは分段生死にとどまって衆生と流転の人生を倶にするといわれる。さらに「悲智平等の菩薩」というのがあり、その中で①「煩悩の再発を恐れるもの」は十地の内、第二・第三地で、②「煩悩を恐れないもの」は十地の第四・五・六・七地のどこかで不思議変易生死に入るといわれる。

『述記』には「鄙悪《ひあく》の身命を改転して殊勝の身命を成じる」と説かれている。すばらしい一節である。鄙悪の身命が慈悲と誓願と定力によって殊勝の身命と成るのである。それは菩薩にのみ限ったことではあるまい。

さてこれで唯識の第一の領域である心識論が終わることになる。

心識論は、現実の自己認識である。現実の自己を真っ正面に据えて、自己とは何かを心識の構造として把捉したものである。自己とは何かという問に対して、八識三能変と五十一の心所《しんじょ》論で応えるのである。唯識の典籍でもどれもがこれほど心識論に力を注ぐわけではないが、『唯識三十頌』も『成唯識論』も多大の字数をこれに当てている。現実の人間認識に重点をおく学風の必然的帰結であろう。

特に五十一の心所論は、その名前が列記されていて論述が平板になり、唯識の深みに欠けると思うこともないわけではないが、これを除いて他に現実の自己はないのであるから、決して軽視してはならない。善の心所が、いまどれだけ自分の生活の中に活かされているか、煩悩や随煩悩の心所が、どれだけの力をもって現在の自己を動かしているか、それこそが現在の自己の正体に外ならない。そこを飛び超した自己の探究はどこにもない。

十一、三性とは（第二十頌—第二十二頌）

1、はからい「遍計所執性」（第二十頌）

由彼々遍計　彼々《ひひ》の遍計《へんげ》に由りて
遍計種々物　種々《しゅじゅ》の物を遍計す
此遍計所執　此の遍計所執《しょしゅう》の
自性無所有　自性は所有《しょう》無し

さまざまのはからいによって、種々の対象を捉える。
このような、はからいによって捉えられた対象は、自性は無い。

この頌から、三性説《さんしょう》に入る。

三性とは〈遍計所執性《へんげしょしゅしょう》〉と〈依他起性《えたきしょう》〉と〈円成実性《えんじょうじつしょう》〉である。三性は三自性ともいう。

唯識仏教の柱は（1）心識論、（2）三性論、（3）修行論の三領域であるが、心識論を終わってここから第二の領域になる。

『頌』の数からいえば第二十頌から第二十二頌の三頌であるが、『成唯識論』の注釈ではきわめて簡潔に述べられていて心識論の詳細な論述に比ぶべくもない。だが内容的にはきわめて重要なことが述べられている。

三性説は「迷える自己」と「悟れる自己」の実態を構造的に捉えたものである。

まず〈遍計所執性〉とは、われわれの存在や認識がことごとく衆縁所生《しゅえんしょしょう》であることを理解せず、それを対象化し固定化し実体化する迷妄の〈こころ〉の働きをいう。はからいの〈こころ〉の状態である。

これを『論』は①能遍計《のうへんげ》、②所遍計《しょへんげ》、③遍計所執性の三文に分けて捉える。すなわち『頌』の第一句は「能遍計」、第二句は「所遍計」、第三句は「遍計所執性」を述べている。

まず〈能遍計〉は計らう〈こころ〉である。では「計らう〈こころ〉」とは八識でいえばどの〈こころ〉であろうか。

『成唯識論』は、①第六識と②第七識の二識という説をとる。つまり第六意識と第七末《ま》那識《なしき》が計らう〈こころ〉だという。我執・法執を持ち、それが煩悩障・所知障となって仏道への志向の障害となり邪魔となる。唯識は人間を八識に捉えるわけだがその中で計らいの〈こころ〉となるのは、この二識だというのである。そのことは修行とか転識得智《てんじきとくち》とか悟りとかを問題とする時、どこが問題の軸になるかをはっきり示していることである。

さいわい第六識は表層の〈こころ〉であり自覚可能な〈こころ〉である。それが計らいの〈こころ〉だということは、自己の迷妄を自分で知ることができるということであり、それを転換していく可能性が自分の中にもあることが示唆されているといえる。ねらいの的がはっきり示されている。とにかく第六意識の計らいと取りくめばよいのである。第七末那識はその力に影響されて転換し始めるのである。

伝統的な注釈によると、安慧《あんね》菩薩は八識すべての心識のなかに、なんらかの執着性を見出だしているといわれる。それは人間の執着性を非常に深く捉えているといってよいであろうが、見方を変えれば人間の解脱の可能性が弱くなるともいえるし、修行の的がしぼりにくくなるともいえる。やはり〈能遍計〉を第六・七の二識に限定する『成唯識論』に私は軍配をあげたい。

執・障を軸として二説の人間観を図表化すると次のようになろう。

	安慧				護法			
	前五識	第六	第七	第八	前五識	第六	第七	第八
我執	×	○	○	×	×	○	○	×
煩悩障	○	○	○	×	○	○	○	×
法執	○	○	×	○	×	○	○	×
所知障	○	○	×	○	○	○	○	×

第二の〈所遍計〉は計らう〈こころ〉によって計らわれた一切法をいう。

これにも二説がある。第一はそれをそのまま「遍計所執性」とする、つまり〈所遍計〉=「遍計所執性」として捉える説であり、第二は〈所遍計〉と〈遍計所執性〉とを分けて捉える説である。

前説は〈所遍計〉=〈遍計所執性〉とするので、計らいの構造を

（1）「能遍計」―依他起性

（2）「所遍計」=「遍計所執性」

の二支で理解していることにある。それを二重遍計説という。この場合、計らわれた対象は、そのまま虚妄のものとなる。難陀《なんだ》菩薩の説と伝えられる。

それに対して第二説は、〈所遍計〉は「所遍計」として捉え、「遍計所執性」はそれと別のものとする。つまりこの説では

（1）「能遍計」
（2）「所遍計」 ＞ 依他起性
（3）「遍計所執性」

の三支で計らいの構造を捉えるのである。これを三重遍計説という。『成唯識論』はこの立場に立つのだが、第一の二重遍計説との間に非常に大きな違いがあるのを見落としてはならない。その大きな違いとは、第一説では〈所遍計〉を虚妄のものとしているのに対して第二説では、〈能遍計〉も〈所遍計〉も〈依他起性〉つまり縁生のものとしている点である。「依他起性」は後で見るように衆縁所生のものであって、決して虚妄のものではない。それなりのわけがあってそこに縁起したものである。つまり捉えられた対象はそのまま有であって無ではない。それなりの理由があってそこに顕現したものである。それでは計らいはどこにあるのかというとそれは〈遍計所執性〉である。〈遍計所執性〉は能遍計・所遍計という構造をもって顕現したものを固定化し対象化し実体化する働きである。

自分の存在についても認識についてもそれに執われ、それにこだわるのである。その働きが〈遍計所執性〉である。したがって重要なことは、計らいの対象、すなわち〈所遍計〉そのものをそのまま無とするのではないということである。このことは、計らいの対象を非常に重く受け止めていることを意味する。何を見、何を聞いているかということが、計らいの主体である全自己の顕現としての重みをもって把捉されているのである。有的性質の強い『成唯識論』はここでも〈所遍計〉を縁有として有的性質によって理解している。

2、現実存在と真理「依他起性」と「円成実性」（第二十一頌）

依他起自性　依他起《えたき》の自性の
分別縁所生　分別は縁に生ぜられる
円成実於彼　円成実は彼《かれ》に於いて
常遠離前性　常に前《さき》のを遠離《おんり》せる性なり

依他起性の本性である分別は、縁によって生じる。

円成実性は依他起性の上に働いている遍計所執性を遠離したものである。

この『頌』は〈依他起性〉と〈円成実性〉とを述べるところである。〈依他起性〉は、文字どおり他に依って起きる衆縁所生の存在や認識そのものを指す。心識論で見た八識三能変や五十一の心所のすべてが、いうまでもなく衆縁所生であるから、そのままそっくり依他起性に該当することになる。『論』は「三性もまた識に離れず」と述べ、また「衆縁所生の心・心所の体と及び相見分《そうけんぶん》とは、有漏のものでも無漏のものでも皆依他起性である」と述べている。心・心所のすべてが依他起性なのである。その表現で注意すべきは、「有漏のものでも無漏のものでも」という点であろう。依他起性は有漏でもありうるし無漏でもありうるということを示唆している。

〈依他起性〉は衆縁所生という形ではそこに存在しているが、実体的なものではないという点から「仮有実無《けうじつむ》」という。

〈円成実性〉は、空が円満に成就したものであり、諸法の真実の本性である。「二空所顕の真如」で空のところに顕れるものである。

そしてそれは、衆縁所生で実体のない〈依他起性〉の上で固定化し実体化する働きである〈遍計所執性〉を離れたものという説明がなされている。〈遍計所執性〉とは離れているが、それでは〈依他起性〉とはどういう関係にあるかといえば、この頌では明確に述べられてはいないが次の二十二頌に述べられているように「非異非不異」（異でもなく、不異でもない）であるという。

〈円成実性〉は真如である。真如は空のところに顕れる真理である。「空」とはなにかというと「無常」であり「無我」である。それが「空」でありそこに「真如」が顕れる。

それに対してこの世のすべてのものは、ことごとく縁より生じたものである。一つとして移り変らぬものはないし、孤立独存しているものはない。つまり〈依他起性〉である。

そこで『頌』は〈依他起性〉と〈円成実性〉との関係を述べることになる。

3、「依他起性」と「円成実性」との証見前後（第二十二頌）

故此与依他　　故に此《これ》と依他と
非異非不異　　異にも非ず不異にも非ず
如無常等性　　無常等《むじょうとう》の性《しょう》の如し
非不見此彼　　此を見ずして彼を見るものに非ず

故に円成実性と依他起性とは、異でもなく不異でもない。無常のものと無常という真理との関係のようなものである。円成実性を見ずしては依他起性は見えない。

「此」とは〈円成実性〉、「彼」とは〈依他起性〉を指す。

この二者の関係は、「異」でもなく「不異」でもない。〈円成実性〉は空の真理であるが、真理という点から見れば、衆縁所生の事実である〈依他起性〉と一体ではない。衆縁所生の法が生滅する有限な存在―有為法であるのに対して、真如は不生不滅の無限な存在―無為法である。その角度からみれば根源的に「異」といわざるをえない。

しかしでは完全に別体なのかというと、そうではない。真如といったり空といったり、無常・無我といったりする真理は、現実存在を離れて、どこかに実在する形而上的な実在ではない。因縁によって生滅変化して止まることのない現実存在そのものの中に貫いているのだから、花は飛び草は枯れるという現実のありようそのままが「無常」であり「無我」である。いうならばそれがそのまま「二空所顕《にくうしょけん》の真如」である。そしてそれは考えてみればそのまま衆縁所生の〈依他起性〉でもある。花は飛び草は枯れるという現実は衆縁所生である。つまり〈依他起性〉である。しかしそれは「無常」「無我」の法則を離れたものではないのだから、そのまま〈円成実性〉でもある。その観点からすれば、〈依他起性〉と〈円成実性〉とは「不異」であって決して「異」ではない。

『頌』はつづいて〈円成実性〉と〈依他起性〉との前後について述べる。「非不見此彼」—此を見ずして彼を見るものに非ずという一句である。漢文としては読みにくい一句だが、宗教としては重要な問題に触れるところである。「此」は〈円成実性〉、「彼」は〈依他起性〉を指す。つまり〈円成実性〉を見ないでは〈依他起性〉は解らないという。永遠の真理に触れずしては、有限な存在である自己は解らないのである。これは宗教的な言い方をすれば、仏に出会わない限り現実の自己も解らないということであろう。自己の有限性も染汚性《ぜんませい》も、自己を超越した真理に出会うことによってのみ初めて理解会得が可能なのである。有限なものは有限の中にあってはその有限性は解らない。汚れたものは汚れたものの中にあっては汚れに気づくことはない。有限なものは無限のものに出会って、初めておのれの有限を自覚し、染汚のものは清浄のものに触れることによって初めて自らの汚れに気づく。

では〈依他起性〉と〈遍計所執性〉との前後関係はどうかというと、『論』は〈遍計所執性〉の空であることを会得しないでは〈依他起性〉の有が解《う》らないという。つまり〈依他起性〉は片方では〈遍計所執性〉の空を会得することによってその有が解り、また一方では〈円成実性〉を証見することによって〈依他起性〉が「幻事」のごときものだということが解るという関係のものとして把捉している。それでは〈遍計所執性〉が空であることを理解するのにはどうすればよいのか。

それは〈依他起性〉は衆縁所生であるという真実を解る以外にない。ところが「依他起性」の衆縁所生であることが真に解るのは、〈円成実性〉に触れることによってである。こう重ねてくると、三性をふまえたわれわれの生き方の根本とすべきものは〈円成実性〉の理解証見にあることが解ってくるように思う。真理との出会い、仏との遭遇、空の会得であるといわなければならない。

十二、三無性とは（第二十三頌―第二十五頌）

1、無の角度から（I）（第二十三頌）

即依此三性　　即ち此の三性に依りて
立彼三無性　　彼の三無性《さんむしょう》を立つ
故仏密意説　　故に仏は密意《みっち》をもって
一切法無性　　一切法は性無《しょうな》しとときたもう

この三性に即して、三無性を立てる。

仏は一切法は無性であると、真意を隠して説きたもうのである。

〈三性〉の教説に依って、〈三無性〉が説かれる。〈三無性〉は一切法を「無」の角度から捉えたものである。仏陀の教説の根本にあるのは、この世のすべての存在を「無即有」「有即無」という有無相即のものとして把握することである。それを「空」とも「中」ともいうわけだが、それは有無一体のものとして存在を捉えたものである。「有」だけでも「無」だけでもない。それが仏の真意である。しかし人間は、常識的には「有」の面に目を奪われてそれに執われそこから離れられず「無」の一面に覚醒しない。存在の一面しか見ない。そこで仏陀は「無即有」「有即無」という真意を隠して「無」の面を強調されなければならなかった。諸行は無常である、諸法は無我であるという観察は「無」の面の喚起を示されたものである。「三性」に対する「三無性」がちょうどそれに当たるわけである。

2、無の角度から（Ⅱ）　相無性・生無性・勝義無性（第二十四頌）

初即相無性　　初めのは相《そう》無性《むしょう》なり
次無自然性　　次のは無《む》自然性《じねんしょう》なり
後由遠離前　　後のは前《さき》の所執《しょしゅう》の我法の
所執我法性　　性を遠離《おんり》せるに由る性なり

「三無性」の第一は「相無性」である。
第二は「無自然性」である。
第三は執着された我・法を遠離したものである。

『頌』の中には、はっきり「三無性」の名前が述べられていないが、第一を〈相無性〉、第二を〈生《しょう》無性〉、第三を〈勝義《しょうぎ》無性〉という。〈三性〉との関係を図示すれば次のようになる。

（1）遍計所執性《へんげしょしゅうしょう》＝相無性
（2）依他起性＝生無性
（3）円成実性＝勝義無性

〈遍計所執性〉は計らいの固定化・実体化であるので、体も相も根源的には「無」である。『成唯識論』は「畢竟非有《ひっきょうひう》」という。計らいがあるといえば「有」的な視点にたつことであり、それは計らわれたものだから「無」であるといえば「無」でもある。「相無性」は当然無の立場に立つものである。

〈生無性〉は〈依他起性〉の否定的一面である。〈依他起性〉は衆縁所生法である。衆縁所生であるということは、衆縁によってそこにあるということであるから「有」的な把握であり、その角度からの理解を〈依他起性〉というのである。それに対して衆縁所生のものだから実体的な存在ではないという見方があるわけで、その角度から捉えれば〈生無性〉ということになる。

最後の〈勝義無性〉は衆縁所生のものを固定化し実体視する執着を離れた理解である。固定化・実体化を離れたところに真理があるという見方に立てば〈円成実性〉となるが、その真理は固定化・実体化の否定だという視点に立てば〈勝義無性〉となる。

3、唯識の真理　唯識性（第二十五頌）

此諸法勝義　此は諸法の勝義なり
亦即是真如　また即ち是れ真如なり
常如其性故　常に如《にょ》にして其の性《しょう》の故に
即唯識実性　即ち唯識の実性なり

「勝義無性」は諸法の真実の勝れた本性である。それはそのまま真如である。

常にそのままが本性であるから、そのまま唯識の真実性である。

この『頌』は〈勝義無性〉を述べるところであるが、同時に「唯識性」の説明でもある。『三十頌』に対しては、幾つかの科段が設けられるが、その一つに「唯識相」「唯識性」「唯識位」というのがある。「唯識相」は人間心理の現実の相状であり、唯識が最も精細を究めるところであるが、その科段によると第二十四頌までが「唯識相」となる。そして第二十五頌は「唯識性」つまり一切法の本質・本性を説くと位置づける。第二十六頌以降は修行の深化進展の位置づけ、つまり「唯識位」である。

〈唯識性〉は一切法の本質・本性であり、否定的な表現をとれば〈勝義無性〉である。しかし唯識は否定的な把握では満足しない。肯定的な表現をとれば〈円成実性〉であるが表現を変えれば〈真如〉となる。真如とは不生不滅、絶対の真理という意味で捉えたものであるから肯定的・積極的な把握である。絶対の真理の実在というけれども、ことばどおりに真理を実体視すると仏教でなくなってしまう。真理といっても内容は「無性」であり「空」であり「無常」「無我」である。しかしまた「無」の一面のみで捉えるのも偏りであり、その肯定的な把握である真理は「有」ると唯識はいいたい。「常に如にしてその性たり、即ち唯識の実性なり」という『頌』の表現はそこを指す。

「唯識の実性」というのは真実・勝義の一面を指すことを意味する。思い出すと最初の「帰敬頌《ききょうじゅ》」に〈唯識性〉という語がありそこで「唯識性」というのは①虚妄・真実、②世俗・勝義の二種の意味があり、その両方を含むのだということをみた。それを頭に置きながらこの「唯識実性」という語を見ると二面のうち真実・勝義の一面のみを表そうとしているということが解るのではなかろうか。その前に頭を垂れて帰依するのは虚妄・真理、世俗・勝義の両方であったが、ここで述べられるのは真実・勝義の面なのである。さきほど第二十五頌は「唯識性」を説くと述べたが、その場合の「唯識性」という語の意味合いは、「唯識相」に対応した使い方であるので、ここと同じではない。ここの訳語に当てはめれば「唯識実性」に該当する。

『成唯識論』が説く「唯識実性」の意味である。

十三、修行論（第二十六頌―第二十九頌）

1、唯識の修行の特徴

『三十頌』は第二十六頌から「修行論」に入る。もともと仏教は、人生苦からの解脱を目的とするものであるから、本当の主題はこれからともいえる。

ところが、われわれは「修行論」と聞くと、難行苦行を連想したり、厳しいという言葉を思い出したりすることが多く、凡人には無縁のことだと決めこんでしまう。確かに修行には、厳しさが求められる。しかしそれがすべてではない。

思うに仏陀は出家の弟子のみに法を説かれたのではなかった。修行とは生き方である。一人一人がそれぞれの人生のなかで、真実の人生を創造していく、それが修行である。

『唯識三十頌』は第二十六頌から修行論にはいるわけだが、その特徴をまとめてみると次のようになる。

（1）唯識を会得する素質・能力を持ち、修行の蓄積のあるもののみが真理を会得するという素質・能力論に立つ。それを「大乗二種の種姓《しゅうじょう》」という。①本性住《ほんしょうじゅう》種姓（先天的な素質・能力）、②習所成《じゅうしょじょう》種姓（経験の蓄積）である。

修行・成仏の可能性について一つの限定を加えるところが、他の大乗仏教が「一切衆生《いっさいしゅじょう》悉有仏性《しつうぶっしょう》・一切皆成仏《いっさいかいじょうぶつ》」という普遍・平等の立場に立つのと著しく異なる。

唯識では、前にも見たように、人間の素質能力の個性的なちがいを尊重する。「五姓各《ごしょうかく》別《べつ》」という唯識独特の人間観では、成仏の可能性を持たない人間―つまり〈無性有情姓《むしょううじょうしょう》〉まで考えられているのである。

（2）修行の進展、深まりを五段階に分けて捉える。すなわち①資糧位《しりょうい》、②加行位《けぎょうい》、③通達位《つうだつい》、④修習位《しゅじゅうい》、⑤究竟位《くきょうい》の五位である。唯識でも四十一位という別の段階づけもあるが、原則的には五位とするのである。

修行の進展、深まりの段階づけについては、大乗仏教の中でもさまざまの捉え方があり、また一超直入《じきにゅう》如来地とか初地即極《しょじそくごく》などといって段階づけを超越する見方もあるが唯識はその立場をとらない。

（3）境地が深まっていくのは漸次であるという立場をとるのも唯識の修行の特徴である。これも「即」「頓」などの字を使って、悟りをうるのは決して漸次ではないとする説もあるのに対して、唯識は「漸次」という側面を尊重する。考えてみれば、人間には時間とともに少しずつ熟していくという面があるわけで、現実を離れることなく人間探究を究めようとする唯識としては漸次性が強調されるのである。

漸次に熟成していく様子が仏教とのかかわり方のちがいとして次のように述べられている。

（1）〈資糧位〉では、仏教を信解《しんげ》する。

（2）〈加行位〉では、少しずつ二取《にしゅ》を伏除《ぶくじょ》して、真実を見きわめる智慧を引き出す。

（3）〈通達位〉では、真実を証得し一体となる。

（4）〈修習位〉では、真実の智慧をくりかえし磨きあげ、残っている障害を伏断していく。

（5）〈究竟位〉では、完全な清浄性が実現され、無限な有情への化導が展開され、また唯識の形象と本質との真実見を悟入させられる。

この五段階を深めていくのに、唯識は数えることのできぬような時間が必要だという。

①資糧位・加行位＝一大阿僧祇劫《あそうぎこう》

②通達位・修習位の第七地まで＝一大阿僧祇劫

③修習位の第八・九・十地＝一大阿僧祇劫

一大阿僧祇劫は中国では「無数劫《むしゅこう》」と翻訳した。つまり一大阿僧祇劫そのものがすでに計算できぬような長い時間を表すのだが、菩薩の修行が完成するのには、その無数劫の三倍が必要だという。無数のものは何倍かけても無数以外のなにものでもない。常識的な時間の観念では把捉できない長さが示されているのである。

人間の〈こころ〉の深さや複雑性を時間の長さとして表現したもので、漸次性を語って余すところがない。

人間の転換は「漸次に」という表現をとらざるをえないのである。

2、深固の発心　資糧位（第二十六頌）

乃至未起識　　乃《いま》し識を起して
求住唯識性　　唯識の性に住せんと求めざるに至るまでは
於二取随眠　　二取の随眠《ずいめん》に於いて
猶未能伏滅　　猶未《なおいま》だ伏滅《ぶくめつ》すること能《あた》わず

志を起して唯識の本性と一体となることを求めない段階では、能・所二分の見方を生む煩悩を伏滅することはまだできない。

第一、二句はちょっとつかみにくい表現だが、唯識の真実を悟ろうという気がまだ起きない段階にあるうちは、その障害になるものを排除しようという気持ちも起きないというのである。

たとえば、われわれが本気で何かを勉強しようと思ったとすると、その実現のためにあらゆる障害克服のいろいろな手を工夫し実現に努力をするだろう。ところが気持ちが曖昧なうちは障害克服の努力も熱心ではない。〈資糧位〉はちょうどそれと似た段階なのである。唯識について何程かの興味関心はもつものの、まだ本気にはならない、まだ気持ちが固まらないという状態である。だから障害排除の覚悟もととのわない。深い信解はもつが、おのれの内面のことにはまだなっていない。

この位の菩薩は四勝力《ししょうりき》によって信解を深めていくといわれる。四勝力とは

①因力《いんりき》（素質・能力・経験の蓄積など）、
②善友力《ぜんうりき》（善き友・法友）、
③作意力《さいりき》（積極的な精神の姿勢）、
④資糧力《しりょうりき》（さまざまの修行の蓄積）

である。

「二取」とは能取・所取という二分対立的な思惟と、それを固定化し実体視する「煩悩障」「所知障」である。

「随眠《ずいめん》」（「ずいみん」とも読む）とは、阿頼耶識のなかに眠っている状態の二取の習気《じっけ》＝種子である。

「伏《ぶく》」はその習気が現行《げんぎょう》として現起するのをおさえること。「滅」は習気を消滅させること。

資糧位は、決意が不退転とまでまだ固まっておらず、修行も知的理解や外形だけになりがちで、十分とはいい難いのだが、そのなかで修める修行には具体的にどのようなものがあるのか。『成唯識論』によると左のようである。

（1）福徳行と智慧行

〈福徳行〉は〈智慧行〉以外のすべてである。仏教の根幹には空・無相・無我の真理を悟るという知性的な働きがある。それが智慧行であり、極端な言い方をするときには、修行はそれだけでよく、それ以外の修行は一切不要だとさえいうこともできるのだが、唯識はそれ以外の徳―あたたかさとか抱擁力とか許容力とか忍耐力とか挙げれば無限にひろがっていくさまざまの徳目を不可欠の生き方とする。理屈に長けているだけでは駄目なのである。

菩薩の生き方の最も代表的なものが「六波羅蜜」であるが、第六の〈般若波羅蜜〉を智慧行とし、その他の五項目を福徳行とするという見方もある。（六波羅蜜＝布施・持戒・忍《にん》辱《にく》・精進・禅定・智慧）

（2）自利行と利他行

〈資糧位〉の修行のもう一つは〈自利行〉と〈利他行〉である。自利行は自分を錬磨し向上させようとする生き方。自分一人、いい目をしようというのではない。利他行は他に対する慈愛の念を深め他を限りなく立てようとする生き方である。根本的には二つは一体のものであるが、分ければ〈布施波羅蜜〉が利他行、その他の五波羅蜜が自利行となる。さらに六波羅蜜と三十七菩提分法《さんじゅしちぼだいぶんぽう》とを自利行とし、四摂事《ししょうじ》と四無量心《しむりょうしん》とを利他行とする分類法も紹介されている。

その一つ一つの徳目の詳細は他に譲らなければならないが、名前だけを挙げておく。〈三十七菩提分法〉とは四念住《しねんじゅう》・四正断《ししょうだん》・四神足《しじんそく》・五根《ごこん》・五力《ごりき》・七覚支《しちかくし》・八正道《はっしょうどう》であり、〈四摂事〉は布施・愛語・利行・同事、〈四無量心〉は慈・悲・喜・捨である。

以上が〈資糧位〉の概要であるが、『論』にはここに「三種退屈」というのが述べられている。資糧位は、仏道への気持ちがまだ完全に堅固に決まっているわけではない段階なので、修行のなかでひるんだり、ためらいがあったり挫折感や絶望感がともなうことがある。それを〈退屈心〉というのである。スランプな状態などというのも、ここに入るであろう。

第一は空・無相・無我の真実を会得する智慧は広大深遠であると聞いて、ためらいひるんでしまう。『述記』は「広深退《こうじんたい》」という。

第二は修行は厳しく実行は困難であると聞いて退屈する。「難修退《なんしゅたい》」という。

第三は諸仏の境地を証悟することは難しいと聞いて絶望感をもってしまう。「難証退《なんしょうたい》」という。

ではこういう状態になったらどうするか。

『述記』はまず「自分自身が自分を軽んじて退屈心を起こしてはならない」といい、三種の退屈心に対してそれをどのようにして克服するかを述べる。

まず第一の場合は、先人先哲の多くの人々が悟りを開いたことを想起して励む。

第二は、自分の願いの原点を思い起こして実行に踏み出す。

第三は、諸仏の徳が他のものに遥かに勝れていることを自覚して、そこでひるまない。

3、ぬぐいきれぬ客体化　加行位（第二十七頌）

現前立少物　現前に少物《しょうもつ》を立てて
謂是唯識性　是れ唯識の性と謂《おも》えり
以有所得故　所得あるを以ての故に
非実住唯識　実に唯識に住せるに非ず

現前に対象化し実体化して、それが唯識の本性と思う。しかし対象化という働きが残っているので、本当に唯識の本性と一体になっているのではない。

〈加行位《けぎょうい》〉は唯識修行の第二段階である。〈資糧位〉がさまざまの修行を積み重ねる段階であったのに対して、〈加行位〉は能取・所取の二極的認識を豊かに払拭する段階である。われわれの認識の構造を振り返ってみると、「見るもの」が「見られるもの」を「見る」という構造があることが解る。この場合、「見る」「見られる」という関係のなかには言葉・映像・価値観などの文化的所産が介入する。「見る」方は言葉・映像・価値観などによって「見る」。当然「見られる」方はその枠組みにはめ込まれながら「見られる」。われわれの認識はそういう構造の認識だからどこまで真相が見究められるか疑問である。また「見るもの」と「見られるもの」とは切り離せない関係をもっている。しかし同時にそれは能・所という対立した形にあることが解る。一面は相互にかかわりあうという関係であり、一面は別物という対立関係にある。両者が切り離せない関係にあるということは、「見られるもの」は「見る」側の見方に影響されるということであり、その意味で「見られるもの」の真相がどこまで見られているか解らない。

また対立関係にあるということは、そのものが対象として向こう側に押しやられていることだから、どこまで真相に迫りうるかこれも問題である。

「現前立少物」とは、「見るもの」が「見られるもの」を最後まで客体視する性質を別出したものである。空・無相・無我などの真実は言葉・映像・価値観などによって会得されるものではない。それと一体となることによってのみ証得される。「見る」自分自身が崩壊して空となるのである。唯識は人間が潜在的に隠蔵する客体視の性質を剔出《てきしゅつ》するのである。

「見られるもの」の空と「見るもの」の空とが深く鋭く観察される。

『成唯識論』は「加行位」を四段階に整理している。すなわち（1）煗《なん》位、（2）頂位（3）忍位、（4）世第一法《せだいいっぽう》位である。

〈煗位〉の「煗」とは、「ぬくもり」という意味で、空・無相・無我の真理を体得する智慧が働きはじめた状態を指す。

〈頂位〉はそれが高められた段階。

〈忍位〉の「忍」は、ふつう堪え忍ぶという意味につかう字だが、仏教では「みとめる」とか「認識する」という意味にもつかわれる。ここはその意味。空・無相・無我を認識する智慧の力がますます強くなる階位である。

〈世第一法〉は世間《せけん》の智慧の最高位を意味する。これは世間の智慧と出世間《しゅっせけん》の智慧との接点になるわけだが、ここまで到達すると、次には出世間の智慧に一挙に必ず突入するといわれている。それが次の〈通達位《つうだつい》〉である。

ところで〈加行位〉で修められる具体的な観察の内容は何かというと、「四尋思《しじんし》」「四如《しにょ》実智《じっち》」である。〈四尋思〉とは①名《みょう》、②義、③自性、④差別《しゃべつ》を思索することである。〈名〉とは名言《みょうごん》—言葉。「義」は言葉によって表される意味。「自性」は一切法それぞれの特性。「差別」は他との違いである。それらが仮有実無《けうじつむ》であることを思察するのが「四尋思」。それをさらに深め、確実なものに決定するのを「四如実智」という。

つまりわれわれの認識や思考においては言葉の占める意味が非常に大きく、むしろ言葉によってものごとを認識したり思惟したりしているのが実状である。しらずしらず身につけている価値観とか善悪観とか清潔感などに基づきながら、われわれの認識や思考はおこなわれているのである。それへの反省観察が「四尋思」観である。客観の空無、すなわち

「所取無《しょしゅむ》」の思索である。

〈四如実智〉はその観察を高めたもので、「所取無」とともに「能取無」をも会得する。

内容を整理すると次のようになる。

（1）煖位＝対象化されたものは無である。（下の四尋思）

（2）頂位＝さらにその観察を深める。（上の四尋思）

（3）忍位＝さらにそれを深めるとともに主観も無であることを観察する。（下の四如実智）

（4）世第一法＝対象も主観も無であるという観察が確定する。（上の四如実智）

つまり四段階にわたって「見るもの」と「見られるもの」が無であることを組織的に整理したものである。

ここで所取・能取の空無性が徹底的に追究されるわけだが、〈加行位〉の限界はそれがどこまでいっても「現前立少物」といわれるように対象化・客体化を最後の最後まで脱し切れないところにある。最後まで「少物」が残るのである。最後まで言葉や論理や価値観が残るのである。

それでは「加行位」の時間的な長さはどうなのだろうか。唯識ではほとんど問題にされていないようだが、当時の部派の間では「忍位」について一行一刹那、一行二刹那、二行二刹那などさまざまの意見が錯綜していたようなので、にわかに正否を決めることは難しいが、とにかく一刹那、二刹那などが議論の俎上に乗せられていたわけだから、時間的には非常に短い体験と考えられていたといってよいであろう。

4、真理との出会い　通達位（第二十八頌）

若時於所縁　もし時に所縁に於いて
智都無所得　智《ち》都《すべ》て所得無し
爾時住唯識　爾《そ》の時唯識に住す
離二取相故　二取《にしゅ》の相を離るるが故に

もし、その時がくると、所取・能取の対立的関係は消える。その時、唯識の真実に住するという。所取・能取の対立的関係を離れるからである。

〈通達位〉は空・無相・無我の真実と一体となる感動的な宗教体験の瞬間である。それを「智都て所得無し」あるいは「唯識に住す」と述べる。

能取・所取の空が理解できたという点では〈加行位〉ですでに完成していたといって良い。しかし〈加行位〉では深い理解ができたとはいえ最後まで客体化・対象化が残っていた。言葉・概念・論理などによる理解の枠組みが超えられなかった。〈通達位〉はそこを乗り超え突き破るのである。直観的・全体的に空そのものになるのである。

その空と一体となる智を「根本無分別智《こんぽんむふんべっち》」という。一般的には無分別というと思慮のないことを意味し、良い意味には使わないが、仏教でいう無分別智は真理と一体となる智であるから、むしろ積極的に求められる智であり、分別智の根源となる智である。分別智は無分別智によって成立するといってよい。

たとえば「おいしい」という言葉は、どんなに詳しく説明されてもそれ自体ではなんにも表現していない。「おいしい」ものを食べたという体験があってこそおいしさを想像することができるのである。体験を基礎にもたない概念は無力である。空・無相・無我の真理も同じであって、〈通達位〉での言葉によらない全体的・直観的一体化の体験が根本となる。

それは出会うという点から見れば、真理・真如との出会いであり、体験という角度から見れば、内に無分別智が開顕することである。

私はそれを空体験と呼ぶのだが、宗教的視点から見ると、この体験が仏教の全体系の根幹となるといってよい。〈こころ〉の上に構築していた「我」の虚像が、足もとから崩壊していくのだから身心脱落《しんじんだつらく》体験といってもよかろう。あるいは信心獲得《しんじんぎゃくとく》ともいえるであろうか。

『三十頌』は、だからその体験の瞬間を「時」という言葉で捉え、わずか二十字の第二十八頌のなかに二回も「時」という字を使っている。「爾の時」とは、決して時計が刻んでいく無機質な物理的時間などを指すのではない。

その人の何十年かの人生が、その一点に集中圧縮され、人格が百八十度ひっくりかえるような中身のつまった「時」なのである。

『三十頌』本文は、一頌二十字の詩が三十で構成されているわけで、全体は六百字となるが、「時」という字が使われているのはここだけであり、しかも一頌のなかに二回も集中して使われているのである。

その「時」という真理との出会いの重さを含味しなければならない。

『成唯識論』は〈通達位〉について幾つかの問題を論述するが、ここでは①見分・相分の関係、②漸《ぜん》・頓《とん》の問題の二点についてのみ触れておきたい。

まず〈通達位〉はわれわれの無漏の智が、真如と「一体」になる段階であるが、その際、認識構造の分析である「四分義」の角度から「一体」の状態をどのように捉えるのか。唯識にとって四分義は最も重要な教説の一つであるから、〈通達位〉の空体験についても相互にどのような関係になるのかを確認しなければならないのである。

これについて三師の説が紹介されているので、その要点をまとめると次のようになる。

第一説＝相分も見分も無い。

われわれの智慧と真理とが「一体」となるのであるから「相・見ともに無」という。「一体」とは「見るもの」と「見られるもの」という二支の対立関係が無いということであるから、相・見分ともに無しというのである。

第二説＝相分も見分も有る。

たとえその空体験が智慧と真理というういわば特別なもの同志の出会いであるとしても、出会うということは二支があることを意味する。その二支とはいうまでもなく見分・相分だと考えるのである。

第三説＝見分は有るが、相分は無い。

これが護法菩薩の正義である。智慧と真如とが「一体」となるのだから普通の認識のように相分・見分があるとはいえない。その意味では「相分は無」といわなければならない。しかし「見分」も無いといってしまうと、空体験そのものが無視されるように思われる。だが智慧と真如とが一体となるという感動的な宗教体験は厳然として有る。その感動的な体験は無視することも消去することもできない。「所縁」は無いが「能縁」は有る、「見られるもの」は無いが「見るもの」は有るというこの非合理的な表現は、一体感を表そうとする護法菩薩の苦労の賜もののように思われる。

宏智禅師《わんしぜんし》（中国宋代の禅僧・一〇九一―一一五七）に、「事に触れずして知り、縁に対せずして照らす」という語があるが、唯識の言葉で理解すれば、相分は無い、しかし素晴らしい見分の体験は有るというのと同じ境地の表白であろう。

もう一つ、〈通達位〉で見ておく必要のあるのは、真理と智慧とが「一体」になるという体験は、「漸」なのか「頓」なのかという問題である。

前に唯識の修行は「漸」というのが特徴の一つだと述べた。では〈通達位〉の一体体験は「漸」なのであろうか。これに二説が紹介されている。

第一説＝漸に真理を証し
　　漸に煩悩を断ず
第二説＝頓に真理を証し
　　頓に煩悩を断ず
第二説が正義である。

〈通達位〉は、空・無相・無我の真理を会得する段階である。会得するのは空・無相・無我の「理」である。そして「理」が解るというのは瞬間の出来事であって、少しずつ解ってくるということはない。もちろんそこまでには長い時間の積み重ねが必要である。しかし解るのは瞬間である。数学などでも解る時は一瞬間である。

仏陀の説法を聞いて証悟し、仏陀の最初の弟子になった阿若橋陳如《あにゃきょうぢんにょ》が、証悟したのは瞬間のことであった。

しかしそれが全てではない。長い時間をかけて良きワインが熟成するように、人生には長い時間をかけて磨きあげられなければならない一面もある。「漸」にという唯識の尊重する側面を忘れてはならない。人には、即時に変わるという一面と即時には変わらないという一面と両面あることを胸に刻んでおきたい。


〈通達位〉でもう一つ確認しておくことがある。それは、ここで無漏の智慧が顕現するにつれて、裏側には断じられる煩悩があるということである。

すでにみたように、唯識では煩悩をさまざまの角度から捉えるのであるが、その一つに「倶生起《くしょうき》の煩悩」と「分別起の煩悩」という分類があった。「倶生起の煩悩」は生まれつき備えている生得的な煩悩であり、「分別起の煩悩」は経験をとおして身につけてしまった後天的な煩悩である。

〈通達位〉で断じられる煩悩はなにかというと、それは「分別起の煩悩」である。

空・無相・無我を会得する智慧が発現することによって、「分別起の煩悩」は、一挙に瞬時に断捨される。「破石《はしゃく》のごとし」——石を爆破するようだといわれる。強烈な宗教体験であろう。しかしそれは決して忘我恍惚としたものでなく幻覚状態の神秘体験でもないし、超能力が備るのでもない。自己の正体、空たる本来の自分の姿がありありと見えてくるのである。空・無常・無我なる自分に成るのである。と同時に、他の存在もそのまま見えてくるのである。

ところが人間は、それで一挙に清浄になるほど単純なものではない。根本的には空体験を通過したのだから、人間としては百八十度の転換があったことになるのだが、人格の底に浸透し潜在化している「倶生起の煩悩」はそう簡単に急になくなったり衰退したりするものではない。

「倶生起の煩悩」は次の〈修習位〉で、長い時間をかけて漸次に断捨されなければならないのである。修行が完成する全体の時間からいえば、実に三分の二の長大な時間の修行が求められる。〈通達位〉までが一大阿僧祇劫《あそうぎこう》、〈通達位〉以降の〈修習位〉が二大阿僧祇劫かかるのである。時計が何回まわったというような次元の問題ではない。人間の〈こころ〉の深さを暗に語っているのであろう。

通達位を〈見道《けんどう》〉ともいう。「真理を無分別智によって照らすので見道ともいう」とも「無漏の智慧によって四聖諦《ししょうたい》を明確に観察する」（『岩波仏教辞典』）ともいわれている。「見」は「見る」だが「現れる」という意味もあるので「道を見る」とも「道が現れる」ともとることができる。

この「見道」を（一）真見道、（二）相見道の二に分ける。〈真見道〉は「根本智」の働きであり、〈相見道〉は「後得智」の働きである。「根本智」は真理と智慧とが一体となる側面で、見分はあるが相分はない段階であり、「後得智」は、無分別の根本智を踏まえながら再び相分が顕れる段階である。再び相分が顕れるとは、根本智の段階では、消滅していた相分が、再び一切法として現前することであり、菩薩の眼が一切衆生に廻らされることを表す。『成唯識論述記』には「真を証するのを前となして、俗を縁じる智を生じる」といわれている。後得智によって菩薩の慈悲行が展開するのである。

ところで〈真見道〉の時間的な長さはどのように説かれているのであろうか。

それは「無間道《むげんどう》」「解脱道」の二刹那だといわれる。〈無間道〉とは、二障の種子を断じる刹那をいい。〈解脱道〉とは、二空の理を証する刹那という。それを「無間道断・解脱道証」という。それによってみると、真理と一体となる「真見道」は、わずかに二刹那という短い時間のなかで完成するもののようである。「刹那」とは種々の説があるようだが、その一説に、指を一はじきする瞬間に六十五刹那あるというのがある。とにかく短い時間の単位であり、「真見道」は瞬間的な体験と考えられていることは間違いない。

5、はてしなき修行　修習位（第二十九頌）

無得不思議　無得なり不思議なり
是出世間智　是れ出世間の智なり
捨二麤重故　二の麤重《そじゅう》を捨するが故に
便証得転依　便ち転依《てんね》を証得す

無得・不思議の出世間の智によって、煩悩障・所知障の種子を捨て、転依を証得する。

A、修習位とは

第二十九頌は〈修習位〉である。

〈修習位〉の修行の眼目は、〈通達位〉で証得した無分別智を現実世界のなかで繰り返し磨いていくことである。その結果として、倶生起の煩悩障・所知障の種子が断捨される。身に浸透している煩悩が力を失っていくのである。初めは或伏或起《わくぶくわっき》、つまりある時は伏せられるが、或る時は現行するというような状態からだんだんと力を失っていき、八地以上になって漸く現行しなくなる。だが種子は最後まで残る。種子が完全に断捨されるのは〈究竟位〉に到達した時である。

煩悩が断捨されるのは智慧の修行の結果であって、繰り返し修められるのは真理と一体となった無分別智である。清浄無漏の智が磨かれることによって煩悩は力を失っていくのである。

「無得」も「不思議」も所取・能取という知的理解を遠く離れていることを表す。「世」は、毀壊《きえ》するもの・対治されるもの・真理を覆い隠すものである。「世」とはそのように移り変わるものである。したがって「出世」とはその逆で、不壊《ふえ》のもの、全面的に肯定されるもの、真理そのものということになる。われわれが仏教から教わるのは、世間の流れや価値観の変化変遷を超えた永遠不動のもう一つの価値の体系であろう。

そんなものがどこかに実在するというと間違いになる。そういう実在を否定したところから仏教は始まった。しかしそれを承知のうえで空・無相・無我・無常・縁起などと呼ばれる一つの真理は、「有る」という表現を唯識はとりたいのである。

そういう超越した価値観に腰がすわるので、相対的な世間の価値観に執着する煩悩障・所知障の種子は、自動的に力を失っていく。

「麤重」とは煩悩障・所知障の〈種子〉である。「麤」は、きめがあらい、粗末などの意味。「重」はもちろん、おもいという意味。煩悩がはたらき煩悩に苦悶している時は、精神的には決して爽快ではない。身も心も重くなる。それを「麤重」というのである。

〈転依〉とは、依り所が変わるということ。依り所とは、依他起性《えたきしょう》、つまり衆縁所生《しゅえんしょしょう》の自己のこと。「転」は転換することであるから、「転依」とは人間が転換することを意味する。

この自分において、われわれは迷いを重ね妄心を深め、生死流転をつづけている。しかしわれわれは、その依他起性の自分によって証悟も開く。迷いの自分を離れて、別に証悟の自分がどこか別世界に在るのではない。迷妄の自分が、証悟の自分に転換するのである。『成唯識論』はそれを「依他起の上の遍計所執性《へんげしょしゅうしょう》を転捨し、依他起の中の円成実性《えんじょうじつしょう》を転得する」と述べている。

〈依他起性＝遍計所執性〉↓〈依他起性＝円成実性〉という構造になる。迷える依他起性より悟れる依他起性へである。

依他起性は一つである。一つの依他起性が、迷の依他起性から悟の依他起性へ転換するのである。

〈転依〉の「依」についてもう一つの解釈が示される。それは「依」は「真如」だとする説である。この説に立てば、転換するのは「真如」だということになる。しかし考えてみると「真如」とは不変常住の真理だから、変わらないというのが、基本の性格ではないか。それが転換するとはどういうことなのか。『論』は迷悟の基準になるのが「真如」だからだという。迷うのは「真如」が解らないことであるし、悟るのはその「真如」を会得することである。自我に基づきながら接する「真如」と、空・無相・無我と一体となった場合の「真如」とは、同じ「真如」でも根本的に違うといえよう。空・無相・無我の「真如」は、われわれが悟ろうと迷おうと変ることなくそこにある。しかしその永遠不変の「真如」とわれわれとのかかわり方は、ある場合は会得されないという関係であり、ある場合は会得されたという関係である。会得されたという場合が「証」であり、会得されないという場合が「迷」である。

前の「依」は依他起性だという解釈を「持種依《じしゅえ》」といい、後の「依」は真如あるいは円成実性だというのを「迷悟依《めいごえ》」という。

『成唯識論』はその〈転依〉について、さらに詳細に分析し論述しているので、それにしたがいながら〈修習位〉を紹介しておく。

その基本は、空・無相・無我の真理と一体となった清浄な無漏の智慧を、磨きあげることにある。空・無相・無我を会得するまでは、修行も本当の修行になりきっていないのだから、〈通達位〉を通り〈修習位〉に入って初めて本当の修行がはじまるといってよい。それまでは知的理解を深める段階にあり、強いいいかたをすれば真似ごとにすぎないことになる。

そこで前述のように〈資糧位〉〈加行位〉に一大阿僧祇劫を費やした菩薩は、〈通達位〉〈修習位〉に二大阿僧祇劫の修行を積み重ねる。それまでの倍の長さである。そこから真の人生への眼が深まる。


さて『論』は次のように〈転依〉を整理し論述している。

一、能証因（証《さとり》のための積極的な因となるもの）
1、十地《じゅうぢ》（境地の進展を示す十段階）
2、十勝行（十地で修められる優れた修行）
3、十重障（十地で断捨される煩悩）

4、十真如（十地の修行の進展に対応させて説かれる種々の真如）

二、所証果（能証因によって会得された勝果）

1、能転道（積極的に転依を進める修行）

①能伏道《のうぶくどう》—積極的に煩悩の動きを屈伏させる修行

②能断道—積極的に煩悩の種子を断じる修行

2、所転依（修行によって転換されるもの）

①持種依—阿頼耶識

②迷悟依—真如

3、所転捨（修行によって捨棄されるもの）

①所断捨—煩悩障・所知障の種子

②所棄捨—非障の有漏（有漏善・無記法など）と劣無漏（十地の無漏法）の種子

4、所転得（修行によって得られるもの）

①所顕得《しょけんとく》—四種涅槃（本来自性清浄涅槃・有余依涅槃・無余依涅槃・無住処涅槃）

②所生得—四智菩提（大円鏡智・平等性智・妙観察智・成所作智）

B、十地について

〈十地〉。われわれは宗教というと一人一人の目に見えぬ内面の問題と考えるが、精神のありよう、境地の違いは、そのままその人の環境世界の変化をも意味するので、それをひろがりをもった「地」という字で表すのである。心境の深まりというか高まりというか、それを十段階の大地とするのである。大地は皆同じ大地だとふつう思っているが、そうではない。一人一人がそれぞれ別々の素質や経験を持ち大地を持ち、そこに別々の世界・宇宙を造っているのである。

「十地」は次のとおりである。

一、極喜地《ごっきぢ》—初めて空・無相の真実に触れるので喜びに満ち溢れている。

二、離垢地《りくぢ》—戒が身に備わり煩悩が離れていく。

三、発光地《ほっこうぢ》—禅定が定まり智慧が光を発してくる。

四、焔慧地《えんねぢ》—智慧の光が増し焔となる。

五、極難勝地《ごくなんしょうぢ》—真俗二智が併行して働く。それは極めて困難なことなので極難という。

六、現前地—無分別の最勝智が現前する。

七、遠行地《おんぎょうぢ》—空・無相・無我を証得した智慧の自覚的・努力的修行の最後。世間と二乗の智慧を遥かに離れる。

八、不動地—無分別智がおのずから働く。いかなる煩悩によっても動かされない。

九、善慧地《ぜんねぢ》　―善き智慧が備わり、法を自由自在に説くことができる。
十、法雲地　―法の雲が強烈な太陽の照る蒼空を覆い隠し、潤いのある徳水を降らして智と徳とが全身にみなぎる。

「十地」について注意すべき点を整理しておく。

（1）〈第一極喜地〉は、空の真理に初めて出会い喜びに満ちあふれている。真理との出会いが喜びであること、人生のなかにその眼が開け、それがいかに素晴らしい体験であるかを示すところ。

（2）〈第六現前地〉。物とか金銭とかとまったく別の価値に開眼するところ。無分別智の完成した極点が現れる。智慧が完成したかたちで現れるのに前五地の修行を必要とする。

（3）〈第七遠行地〉は自覚的に努力する最後の段階。次の第八・九・十の後三地《ごさんじ》は智慧が完全に身に備わり、努力を必要としなくなる。その意味で第七地と第八地との間には、根本的な違いがある。第七地までは智慧を磨く努力が必要なのである。したがって煩悩も或伏或起する。

（4）第八・九・十の後三地。ここに到ると仏法が完全に人格の根底まで浸透し、なんの努力も必要とせず、自然に任運に仏教的生き方が展開する。そこが前の第七地と根本的に違うところである。煩悩についていえば、その人格の力によって全く現行しなくなる。

しかし煩悩の種子はまだ潜在しており、それが完全に浄化されるのは〈仏果位〉に到達するときになる。

第七地までと後三地との性質の違いを、古人は「七地以前有漏無漏雑起《うろむろぞうき》、八地以上純無漏相続」といった。

第八地の菩薩のことを「深行《じんぎょう》の菩薩」といい、また第八地には深い無分別智が働くところから、慈悲行の忘れられやすい欠点があり、それを「八地沈空《ぢぢんくう》の難」という。第九地に自由自在な説法が位置づけられるゆえんである。

C、十勝行

次に、「十勝行」について『成唯識論』の述べるところを紹介しておく。「十地」のなかでそれぞれ修める修行である。

一、極喜地＝布施行（施し、無貪の行）

1、財施（物を施す。相手の身体への思い）

2、無畏施（畏れなき人生観を与える。他の人の心に対する施し）

3、法施（真実の教えを与える。他の人の善き人生を助ける）

二、離垢地＝持戒行（戒律を守る）

1、律儀戒（自分に課す生活の規律）

2、摂善法戒（善き身心の行いを積極的に実行する）

3、摂衆生戒《しょうしゅじょうかい》（衆生を助ける実践）

三、発光地＝忍辱行《にんにくぎょう》（堪え忍ぶ）

1、耐怨害忍《たいおんがいにん》（怨みによって加えられる危害に耐える）

2、安受苦忍（加えられる苦難を安んじて耐える）

3、諦察法忍《たいざつほうにん》（真理の理法を明らかに観察する）

四、焰慧地＝精進行（善きことを修める）

1、被甲精進（鎧兜に身を固めたような強い実践）

2、摂善精進（善きことをすすんで行う）

3、利楽精進（人々の利益と安楽のための実践）

五、極難勝地＝静慮《じょうりょ》行（心の安定・統一・禅定）

1、安住静慮（今の境遇を安んじて受け入れる）

2、引発《いんぽつ》静慮（精神力を引き出す静慮）

3、弁事静慮（何が衆生のためになるかを弁える静慮）

六、現前地＝般若行（智慧の実践）

1、生空《しょうくう》無分別慧（自我の空無を悟る）
2、法空《ほっくう》無分別慧（言語・論理などの空無を悟る）
3、倶空《くくう》無分別慧（自我と言語・論理などの空を悟る）

七、遠行地＝方便善巧行《ほうべんぜんぎょう》（善き方法を廻らす）
1、廻向方便善巧行（善行の果を本質的なものに向ける）
2、抜済《ばっさい》方便善巧行（有情利益のために方法を講じる）

八、不動地＝願行《がんぎょう》（誓願を立てる）
1、求菩提願《ぐぼだいがん》（自己の向上を願う）
2、利楽他願（有情の利益・安楽を願う）

九、善慧地＝力行《りきぎょう》（智慧の力と実践力）
1、思択力《しちゃくりき》（思索の力）
2、修習力（実行力）

十、法雲地＝智行（真理と現実を見究める後得智の実践）
1、受用法楽智《じゅゆうほうらく》（真実を受入れ楽しむ智）
2、成熟有情智《じょうじゅくうじょう》（有情を幸せにする智）

これが『成唯識論』が説く「十勝行」である。それぞれが二乃至三に分類されているので具体的には二十六の勝行になる。詳しい説明は別の場所に譲るとして、おおかたの傾向は推察することができよう。

気のついたことを二、三述べておけば、第一布施行というのは、「もの」を施与することだけではなく、仏陀の示される人生の真実を伝えることも、また助言やアドバイスすることも布施であるとされている。そして大切なことは、どこまでも相手の利益のためであることである。それは他をどこまでも立てることを意味する。したがって自分の内においては自我主張や自己中心的思考の克服が求められることになる。

第二持戒行は、戒律を守ることであるが、防非止悪といわれるようにそれは通常なんとなく行動の抑制や禁止項目のように思われている。しかしここに区分されている項目をみると、むしろ積極的に善法とか人々の利益となることの実践が示されており、戒律の解釈の違いに気づく。戒は仏陀在世の時代は随犯随制《ずいぼんずいせい》といわれるように、誰かが失敗する度に示されたもので、最初から組織的なものではなかった。しかし基本的なところは、抑止的なものであったことは否めない。だが大乗仏教が発展するにつれて、積極的に善行為を実行するとか、有情化度に身を尽くすなどの行為が戒のなかに含まれるようになる。いわゆる菩薩戒の成立である。禁止的抑止的な行動規定が、能動的・積極的な実践態度を包容するのである。ここに示される持戒行の分類項目にそのあたりの事情を読み取ることができる。

第三忍辱行は、耐え忍ぶことだが、ただなにもかも我慢し耐え忍ぶことではない。何故耐え忍ばなければならないか、何故このようなことに出会わねばならぬのか、空・無相・無我の会得のうえでその源由を納得するのである。それが〈諦察法忍〉である。その場合「忍」は「認」の意味に使われている。わけが解れば、苦痛も苦痛でなくなる。体験の中、身が転換して苦痛でなくなれば、耐え忍ぶ必要もなくなる。

第四精進行は、善きことを勤め修めることである。精進潔斎という語もあるように、この項目には、なんとなく清らかに行い澄ますという清潔感が感じられるとともに、一人の生き方という閉鎖性もあるように私は思うのだが、実はそうではなく、より積極的に善行を積み重ねるとか人々の利楽のために生きるという利他行の精神が根本になっているのが解る。

第五静慮は禅定の一つであり、心一境性《しんいつきょうしょう》ともいわれるように、精神の安定集中の実践である。行のなかでも最も静的な一面である。しかし弁事静慮というような分類の項目を見れば解るように、それは外の世界とのかかわりを完全に離脱したものではないという捉え方がなされている。静慮は自受法楽の性質の強い行であるが、人は孤立自存しているのではない。

第六般若も智慧行であり第十智行も智慧行であるが、前者は真理と一体となる根本智であり後者はそれをもって現実世界を見究める後得智を指す。

この十を十波羅蜜というが、普通示される六波羅蜜の終りの般若波羅蜜を五に開いたものである。

D、「十重障」

〈十勝行〉によって断捨されるのが〈十重障〉である。修行を積んでも積んでも、清浄自在になることへの障りが自分のなかに潜在しつづける〈こころ〉の深さを示すところである。〈十地〉〈十勝行〉の組織にことさらに適合させようとするような不自然さを多少感じぬわけではないが、人間修行の無限性を痛切に考えさせられる一段である。要点のみを紹介しておく。

一、異生《いしょう》性《しょう》障《しょう》（分別起つまり後天的な煩悩障・所知障）
二、邪行《じゃぎょう》障（倶生起の所知障の一部と善ならざる身語意の三業）
三、闇鈍《おんどん》障（倶生起の一部であって聞思修の法を忘失させるもの）
四、微細《みさい》煩悩現行障（倶生起の所知障の一部であって第六識の上の悪見）
五、於《お》下《げ》乗《じょう》般《はつ》涅《ね》槃《はん》障（倶生起の所知障の一部であって生死流転の現実の世界を厭うて安らかな涅槃に入ろうとする）

六、麤相現行障《そそうげんぎょう》（倶生起の所知障の一部で、染・浄を対立的にみる麤なる相を生み出す）
七、細相《さいそう》現行障（六の所知障と同じであるがさらにその微細なもの）
八、無相中作《むそうちゅうさ》加《け》行障（空・無相が完全に身に備り任運無功用になるのを障げる）
九、利他中不欲行障（利他行を障げる）
十、於諸法中未得自在《おしょほうちゅうみとくじざい》障（諸法に自在であるのを障げる）

修行によって人間が浄化されるのを背後から支えているのが、人間を超えた「真如」である。

E、「十真如」

〈真如〉＝真理は一つであるが、一人一人の修行の進展の度合いによって、その顕れ方が変わってくる。もともと『成唯識論』では「真如凝然《しんにょぎょうねん》不《ふ》作《さ》諸法《しょほう》」といって〈真如〉と〈一切法〉との関係を切断された角度からの見方を尊重する。それは〈真如〉は不生不滅の理体であり、生滅する〈一切法〉と根本的に異次元のものとするのである。これは如来蔵仏教が、真如はさまざまの一切法として形を変えて顕れる、つまり「真如随縁《ずいえん》不《ふ》守《しゅ》自性《じしょう》」というのとはっきり一線を画する立場である。

しかし異次元のみを強調すると、〈真如〉と〈一切法〉との関係は切断されただけの関係に終り、超越的実在と錯覚されやすくなる。しかし〈真如〉は〈一切法〉の本質・本性であるから、その意味ではまったく別のものではない。つまり一面では別であり一面では別ではないという関係にある。唯識はその関係を「非一非異」という。「真如凝然不作諸法」は「非一」の関係を表す。それに対して「十真如」は「非異」の関係を表すといってよいだろう。「十真如」については『論』は「真如の性は実に差別《しゃべつ》なしと雖も勝徳に随って十種を仮立《けりゅう》す」と説いている。

一、遍行真如（真如が一切法に遍く働いているという一面）
二、最勝真如（無辺の徳を備え一切法のなかで最勝として捉えた一面）
三、勝流《しょうる》真如（真如より流れでる教えとしての一面）
四、無摂受《むしょうじゅ》真如（繋縛《けばく》されることのない一面）
五、類無別真如（差別を超えた一面）
六、無染浄《むぜんじょう》真如（染・浄を超えた一面）
七、法無差別真如（種々の教えを一つのものとする一面）
八、不増減真如（有執・無執を越えた一面）
九、智自在所依真如（自由自在に法を説く依り所となる一面）
十、業自在等所依真如（神通力・念慧力・禅定力などの依り所となる一面）

以上が〈転依〉の因としての一面であるが、次いでそれによって得られる果が説かれる。

F、「所証果」

「能証の因」に対応するのは「所証の果」である。「所証の果」については『論』は前述（297―298頁）のように1能転道（A能伏道、B能断道）、2所転依（A持種依、B迷悟依）、3所転捨（A所断捨、B所棄捨）、4所転得（A所顕得、B所生得）という整理に基づいて述べている。

第一の〈能転道〉はA能伏道、B能断道の二つに分けられる。

A能伏道は煩悩障・所知障の現行を押さえ伏する智慧で、①有漏・無漏の二智と②加行智・根本智・後得智である。加行智は〈通達位〉以前の段階で働く無漏の智で、有漏の現行を伏する智である。つまり〈資糧位〉〈加行位〉の段階でも、聞法などの縁によって無漏智が働くことが示唆されている。〈通達位〉以前は有漏の固まりといわざるをえぬような状態にあるのだが、その真っただ中でも「無漏智」がはたらくのであり、そのことは〈こころ〉にとめておきたいことである。根本智・後得智は〈通達位〉〈修習位〉で、有漏の生き方を根底的に浄化していく。

B能断道は煩悩障・所知障の〈種子〉を断じる智慧である。A能伏道が、二障の現行を伏する智慧であったのに対して、これはその〈種子〉を断捨するのである。「所証《しょしょう》の果」は「能証《のうしょう》の因」によって生じたものである。つまり受動性を根本的性格とする。「所」は受身を表す。しかるに、「所証果」の第一は能動性を表す「能転道」「能断道」で表されている。それは何故か。それは「十勝行」を中心とした「能証因」の「果」でありながら、つまり受動的なものでありながら、同時に、煩悩の現行や種子を伏断するという能動的な性格が捉えられるからである。受動の働きのなかに能動性があり、その能動性は受動性を基本の性格としながらしかも能動的なのである。実に含蓄の深いところである。

第二の「所転依」は、「能転道」によって転換されていくものは何かという問題。これも二つに分けられる。A持種依、B迷悟依である。A持種依は、種子を保持する第八識で、前に見たように依他起性としての自分が、能転道によって転換させられる一面である。衆縁所生の自己が転換するのである。

「迷悟依」も前に見たとおりで、真如を指す。私という存在と真如との関係が変わっていくという角度から見たものである。迷悟の基準となる一面である。

「所証果」の第三は、〈所転捨〉。これもA所断捨、B所棄捨の二に分けられる。

所断捨は、煩悩障・所知障の種子である。これが断じられ捨て去られる。修行の場合、煩悩の「現行」を押さえるのを「伏」といい、「種子」を断つのを「断」といい、さらにその後に残る余熏のようなものを「習気」といい、それを捨て去るのを「捨」という。

所棄捨は「余の有漏」と「劣の無漏」とをいう。「余の有漏」とは、『述記』には①有漏の善、②三無記法（威儀《いいぎ》無記・工巧《くぎょう》無記・神通《じんづう》無記）、③異熟無記の一分であると述べている。要は、仏道修行の障害とならない有漏法、すなわち「非障の有漏法」である。それが捨てられるわけである。たとえば善の行為は善の行為であっても、有漏の場合は底に「我」が潜んでいて清浄な無漏善のようにはいかない。しかし善であることには間違いない。むろん仏道修行の邪魔にならない。「非障の有漏法」と呼ばれるゆえんである。あるいは人間の行住坐臥《ぎょうじゅうざが》それ自身仏道修行の障害にならない。威儀無記である。だからそれも「非障の有漏法」である。

捨て去られるもう一つの「劣の無漏」とは、耳慣れない言葉であるが、菩薩の十地に働く無漏法をいう。原則的には無漏法に上下・勝劣の違いがあるわけではないが、具体的にそれが顕現するときには、十地の段階にしたがってさまざまの相をとるので、仏果究竟位《くきょうい》の完全無欠円満成就の無漏法に対して「劣」という表現をとるのである。特別の無漏法が別にあるわけではない。

「非障の有漏」も「劣の無漏」も仏道修行の障害ではないが、究極円満の仏果位から見ればその過程上に見られるものであるから、棄捨という表現がとられるのである。

G、四種涅槃

〈転依〉「所証得」の第四は、A所顕得《しょけんえ》、B所生得である。

「所顕得」は、修行の結果、顕れてくるもの。「大涅槃」である。〈涅槃〉は梵語ニルバーナの音写語。円寂と翻訳する。真理の領域に属する一面と、証られるものという一面とある。

その「大涅槃」は四種に分けられる。「四種涅槃」という。

一、〈本来自性清浄涅槃《ほんらいじしょうしょうじょう》〉。一切の存在に貫通する真理そのもの。尋思路絶《じんしろぜつ》、名言道断（思考を絶し言葉の表現を断つ）といわれるように、われわれの思索や表現を超絶したものである。したがって一切の有情に平等に有る。しかしそれは真の聖者のみが自証するところである。誰でもが話を聞いて簡単に会得するものではない。大乗仏教でいう「一切衆生悉有仏性」というような美言を聞いて、そのままで仏だというような錯覚を持つことを唯識は厳しく戒めるのである。

二、〈有余依涅槃《うよえ》〉。「依」は自分の身体のこと。身体を持ちながらの涅槃をいう。身体があるので、身体的痛みのともなうことがある。仏陀は晩年、背痛を訴えられることがあった。精神的境地としては苦痛などはもう遥か昔に解脱しておられながら身体があるので、時に痛みを感じられたのである。

三、〈無余依涅槃〉。身体も苦痛も皆完全に消え去った寂滅の境地。輪廻転生の現実世界からの完全な解脱の所に顕れる涅槃。

四、〈無住処涅槃〉。慈悲と智慧とを兼備し、生死流転の世界にも住せず、寂滅安楽の境地にも執らわれないで、現実世界に力強く寂滅の心境で生きるところに顕れる涅槃で菩薩の涅槃といわれる。

「涅槃」という言葉には、どちらかというと、やや消極的な感じがあるのを否定できないが、唯識仏教は「無住処涅槃」という涅槃の理解によって、智慧と慈悲の積極的な実践を示そうとするのである。それは唯識仏教に限られたことではなく、全仏教に一貫する基本の精神といってよかろう。寂滅とは実践実行と別ではない。

一、本来自性清浄涅槃が真理そのものの一面、二、三、四が証られる一面である。

H、四智菩提

〈転依〉の「所証得」の最後は「所生得」すなわち〈四智菩提〉である。

修行によって自分のなかに生じるもの。自分のなかに有る〈種子〉より〈現行〉するものである。〈涅槃〉が不生不滅の真如という無為法にかかわるのに対して、〈菩提〉は生滅する有為法にかかわる面ということができよう。

具体的には次の四種である。〈菩提〉は梵語ボーディの音写語で、「智慧」と訳する。

一、〈大円鏡智《だいえんきょうち》〉。明鏡が全てのものを映しだすように。一切法を映しだす智慧。第八識が転換したものである。

二、〈平等性智《びょうどうしょうち》〉。一切の法、一切の有情を平等に捉える智慧。第七識が転換したものである。

三、〈妙観察智《みょうがんざつち》〉。一切法を深く細かに観察をする智慧。第六意識の転換したもの。

四、〈成所作智《じょうしょさち》〉。利楽有情のために種々の具体的行動を起こす智慧で、前五識が転換したもの。

これについて感じることとは、〈平等性智〉=「第七末那識」の転換のすばらしさである。第七識は末那識であり、我執の根本となる〈こころ〉であった。その自我中心の〈こころ〉が転換して〈平等性智〉に成るといい、転換すると、自分の真相を見きわめ、一切法や有情のすべてを区別することなく平等に捉えるようになるというのである。実に劇的な転換だと思う。以前、「出世の末那」(158―160頁)を認めるかどうかというところがあったが『成唯識論』はそれを認めるという立場をとることを学んだ。それは八識という人間構造はまったく変わらないことを意味し、しかも中身が変わることを意味していた。考え方によると、末那識は我執の根源となる心識であるから、無我を証得して人間が転換するときには自動的に消滅し、転換した人間は末那識を除いた七識のみになるともいえる。それを「仏果七識」というのであるが、ここと重ね合わせてみると、唯識の主張する人間観の深さを切実に感じるのである。もし人格の構造自体が変わるとすると、転識得智することは、人間が人間を超えて超人に成るともとれる。もしそうだとすれば仏教は特殊な能力を持った人達のものになる。常人のものでなくなる。常人が常人のままでしかも常人を超えるのでなければならないであろう。その意味で第七識は転依とともに消滅するといわないで転換するというのである。

以上「転依」についての要点をみてきたわけであるが、広大な人間の転換論を『三十頌』は、わずか「便証得転依」という五字に圧縮したのに対して『成唯識論』は再びそれを展開して詳細に示したのである。

深い人間の転換がしめされている。

十四、仏の境界　究竟位（第三十頌）

此即無漏界　此れは即ち無漏《むろ》界なり
不思議善常　不思議なり善なり常《じょう》なり
安楽解脱身　安楽なり解《げ》脱身《だつしん》なり
大牟尼名法　大牟尼《だいむに》なるを法と名づく

「究竟位」は、清浄な無漏界である。その境域は思議を超越しており、絶対善であり、不変であり、また安楽である。あらゆる拘束繫縛を離脱しているという点から解脱身と呼ばれる。大覚世尊は、言語を超えた無上の寂黙の法を成就したもうているので、それを法身と呼ぶ。

前の〈修習位〉の最後で転依が説かれ、その果として「四種涅槃」「四智菩提」が示されていた。いわゆる「二転の妙果」である。それは長い修行の成果としての究極の境地を示すものではあるが、どこまでも〈修習位〉の最後の到達点としての性質を超えたものではない。因と果という関係性の上での「果」であることを超えたものではない。『論』は「因位に摂む」という。

〈究竟位〉はその意味では因果の系列を超絶した絶対果とでもいうべき境域である。

〈無漏〉とは、いままでも度々触れてきたように、漏泄《ろせつ》が無い。つまり隠そうとしても何かのはずみで、思わず漏らしてしまうようなものがないのである。思わず漏らすものとは、それは煩悩であり自我愛であり自己中心的思考である。無漏はそれの無い清浄な世界である。『論』は「諸漏は永久に尽き、本性は清浄で、円かに明らかである」（諸漏《しょろ》永尽《ようじん》、性浄円明《しょうじょうえんみょう》）と述べ、〈修習位〉の二転依の妙果はここに摂めると釈している。〈修習位〉と〈究竟位〉の微妙に重なり合うところである。

〈界〉とは、「蔵」と「因」の二義があるという。「蔵」とは無辺の勝れた徳を内に秘めている面を表し、「因」とはそこから無上の利益と安楽が生み出される面をいうと述べる。無漏の境地に到達することにおいて、人は本質的・永続的な清浄性を獲得するのであろう。

〈不思議〉とは、〈究竟位〉はわれわれの思考や言語によって理解したり表現したりできぬ世界であることを指す。これはなにも究竟位に限ったことではないが、人生の奥境である究竟位において最も強く出会う一面である。

〈善〉とは、絶対善とでもいえばよいのだろうか。『論』は「白法性《びゃくほっしょう》」と述べ、つづいて「清浄法界は生滅を遠離《おんり》して極めて安隠《あんのん》」と述べている。「清浄法界《しょうじょうほっかい》」は言葉を変えれば「真如」であり「無為法」であり、「無常」であり「無我」であり「無相」であり「空」である。以前〈善〉(193頁)の分類を見たとき、〈善〉の根源として「勝義善」というのが挙げられていたが、善悪などの価値基準の究極的根拠は、存在の本質的真相を指すことが、ここでもくりかえされている。

〈常〉とは永遠性をいう。『論』は「清浄法界は無生無滅《むしょうむめつ》にして変易《へんにゃく》がない」と述べる。これも「清浄法界」がその標準として示されている。大円鏡智などの四智心品《しちしんぼん》は人に備わる智慧であるから、もともとは「常」ではない。つまり永遠のものではなく、生滅する有為法でしかない。しかしその依り所とする真理は不生不滅のものであるから、その依り所によって智慧もまた永遠のもの、つまり〈常〉なるものとするのである。時と永遠、有限と無限の問題である。

〈安楽〉とは「清浄法界は衆相寂静《しゅそうじゃくじょう》の故に安楽という」と釈する。宗教の究極のところに安楽・安心の問題が提示される。善とか清浄とか常とかいう問題は、宗教の極点を表す大切な性質であるが、安楽がそこに登場することは見落されてならないことである。空・

無相・無我の真理と一体となることによって、われわれが与えられるのは安楽な生死である。「楽」というのは「五受」（苦・楽・憂・喜・捨）の一つであることはすでに学んだとおりであるが、その場合「楽」は感覚（前五識）の領域のものとして捉えられていた。それに対して「三受」（苦・楽・捨）の場合は、前五識と第六識とを区別しなかった。そこでここの「楽」は三受の楽と考えることもできないわけではないが、あえて五受のなかの「楽」と私は考えたい。そう考える方が宗教の究極を窺う手掛かりとして一層味わい深く思うからである。もちろん精神の領域を軽視するのではないが、宗教の究極に与えられるのは精神はもちろんのこと、感覚の領域においてもすべてが快いという絶対肯定の悦びではないであろうか。精神や意識や知性の喜びではなく、この生命の事実の安楽である。感覚とは一見表層の心識の働きのようだが、実は最も深く原初的な生命の事実に根差した心識の躍動のように思う。慈母に抱かれた赤子のように、真理と一体の究竟位は安楽なのである。

〈解脱身〉とは声聞《しょうもん》・独覚《どっかく》、つまり二乗が煩悩障を解脱したところをいう。二乗の最終的な到達点である。

〈大牟尼〉とは梵語ムニの音写語。寂黙と訳する。煩悩障・所知障とを並び断じ、二転の妙果である大涅槃と大菩提を成就し、離言《りごん》の境地を実現した聖者《しょうじゃ》である。「解脱身」が声聞・独覚の完成態とすれば、これは「菩薩」の最終到着点である。〈解脱身〉〈大牟尼〉の二語が並べられているのは、二乗と菩薩乗との違いをはっきりしたいためである。もちろん「大牟尼」が目標であることはいうまでもない。

〈名法《みょうほう》〉の「法」とは〈法身《ほっしん》〉のことと釈する。つまり大牟尼を〈法身〉と名づけるという。

『三十頌』でははっきり述べられていないが、『論』は「大覚世尊《だいかくせそん》」を「大牟尼」と名づけそれを〈法身〉とすると述べている。つまりお釈迦さまが「大牟尼」であり〈法身〉であるというのである。インドに生まれ、二十九歳で出家され、三十五歳で成道《じょうどう》し、八十歳で入滅されたお釈迦さまが、菩薩の長い修行の最後の目標である。〈仏〉とは何かという問に対して、お釈迦さまだと答えているのである。

このことは、常識的に考えて当然の事というべきであろう。仏教は世尊より始まるのである。

ところが、このことが仏身観、つまり〈仏〉をどう見るかという大切な問題に関連することになる。

その時、特に問題となるのは、〈常〉とは何かということである。有為法である一人の人間にとって、永遠性という性質が果たして備わりうるのかどうかという疑問である。大覚世尊も、八十歳で沙羅双樹の林のなかで般涅槃《はつねはん》したもうた。人間の生命は永遠ではない。無量寿ではないのである。

そこで四智心品は、永遠の真理である清浄法界を依り所として働いているという理由によって〈常〉と説くという解釈をした。有為法と無為法とがどのように出会うのか、「無常」と〈常〉とはどのように重なるのかという問題である。

それが〈仏〉とは何かという問を起す。仏弟子たちにとって、眼前のお釈迦さまは、自分たちをはるかに超絶した尊厳な存在であった。後を追えども追えども及ばぬ師匠であったに違いない。その尊さはなにによるのか。それは、仏陀の証得された真理による、仏を仏たらしめているのは、その真理である、弟子たちはそう解釈するよりほかはなかった。それはやがて、現身仏である「お釈迦さま」を仏たらしめている「真理」を〈法身仏〉と呼ぶようになる。それが仏身観の発端である。〈現身仏〉は有為生滅、〈法身仏〉は無為常住の存在である。

仏身観はこの二身観から出発し、漸次三身観・四身観へと展開していった。『成唯識論』の仏身観はその展開の歴史からいうと、最後期に属する仏身観の一つであるが、ふつう「四身観」に立つといわれる。四身とは①自性身《じしょうしん》、②自受用身《じじゅゆうしん》、③他受用身《たじゅゆうしん》、④変化《へんげ》身《しん》である。仏身観のここで見ておきたいことは、『成唯識論』は五身観だということである。

五身観とは左図のように、インドに生まれ八十歳で亡くなられたお釈迦さまをその根源の〈法身〉とし、四身はその三相として捉えるという独特の構造のものである。

- 大覚世尊（法身）
  - 自性身（法身＝真浄法界）
  - 受用身
    - 自受用身
    - 他受用身
  - 変化身

〈大覚世尊〉は歴史的実在の人物。

〈自性身〉は永遠の真理そのもの。

〈自受用身〉は永遠の真理を人格化した仏で、無量の法楽を受用しておられる。説法はされない。

〈他受用身〉は、その法楽を諸菩薩のために説法をされる仏とする。

〈変化身〉は人生の真実をすべての有情に伝えるために変現される仏である。

問題は現身のお釈迦さまをどこに位置づけるかということである。

無著《むじゃく》菩薩『摂大乗論《しょうだいじょうろん》』では、お釈迦さまは変化身のなかに捉えられている。それは現身仏の展開として見るとき順当な位置づけといってよい。しかしその分類は〈仏〉を〈仏〉たらしめる〈法身仏〉の方が、〈仏〉の根源だという解釈を強めていく傾向がある。〈法身仏〉がだんだん観念化され清浄化され美化され、永遠化される。それはそれとして宗教の奥行きを深めていく重要な流れでもあろうが、同時に、切れば血のほとばしり出る現実の有情からの遊離を意味しないであろうか。

それと併行して現身のお釈迦さまは、〈法身仏〉の出先機関のような位置におかれることになる。

世親《せしん》菩薩は、それを原初の形態に引き戻そうとされるのではなかろうか。原初の形態に引き戻して虚心に考えるならば、大覚世尊をこそ仏の根源とすべきではなかろうか。

唯識では、歴史的人物である大覚世尊を「総相の法身」と呼び、真理そのものである自性身を「別相の法身」と呼ぶ。

くどくどと難しい説明や解釈はいらない。「世尊に還れ」「世尊こそが仏教の根源である」と『成唯識論』はいいたいのであろう。仏身観が探究されればされるほど、結果として学問的になり観念的になり、形而上学的な方向に進む傾向がある。それは仏教の骨組みを厳密にし強固にするという面から見れば重要な役目を果たした。そのことは幾ら高く評価してもしすぎるということはない。

しかしながら、そのために抽象的な仏身観が仏の根源と位置づけられて、世尊は変化身の位置に置かれるようになる。大地を踏んで歩みつづけられたお釈迦さまが、観念のなかに溶け込んでいくような感想を逃れ難いように思う。唯識はもとの所に立ち返り、もう一度最初から歩みだそうとするのであろうか。〈仏〉とは何かという問に対して『成唯識論』は、決然として「大覚世尊である」と断言するのである。

『三十頌』に説かれているわけではないが『成唯識論』が最後に説く教説に一言触れておきたい。それはわれわれが〈仏〉に出会うのは、結局自分の〈こころ〉によってであるという説である。有漏の能変識によって出会う仏は有漏の仏であり、無漏の心識によって出会う仏は、純善無漏の仏である。

己の情量をもって求める仏は、現身の大覚世尊にしろ、真理そのものの自性身にしろ、畢竟己の情量のうえに変現したもうた仏にすぎないのである。

十五、誓い　すべての群生とともに（釈結施願文）

已依聖教及正理　已《すで》に聖教《しょうぎょう》及び正理《しょうり》に依って
分別唯識性相義　唯識の性・相の義を分別せり
所獲功徳施群生　獲《う》る所の功徳をもって群生《ぐんじょう》に施す
願共速証無上覚　願《ねが》わくは共に速かに無上覚を証せんことを

以上のように、聖教と正理とによって、唯識の本質本性や現実相の意義について明らかにしてきた。

それによって獲たところの功徳を、多くの人々に向けよう。

願くは、共に速かに無上の覚りを証得されんことを。

これを釈結施願文《しゃつけつせがんもん》という。普通、「流通分《るづうぶん》」といわれるところに相当する。『三十頌』外になる。教と理とによって、唯識の性と相とが説きすすめられてきた。それによって人生の奥底に触れることができたように思う。

私は幸せであった。

この一文はその悦びを人々に分かちあおうとしている。一緒に悦びたい。

「願くは速かに無上覚を証せんことを」という最後の一句は、無上覚を証するに三祇百劫を必要とするという唯識の教説と矛盾する。五の階位を一つ一つ漸次に辿って、ようやく究竟位に到達すると示されたばかりである。明らかに矛盾である。

矛盾を承知のうえで、先徳たちは速証を祈念してくださるのである。

そのあたたかな祈念を思うとき、何か熱いものが胸の底からこみあげてくるのを禁じることはできない。

拙くとも、われわれもまた先徳の後を追おう。

太田　久紀（おおた・きゅうき）

昭和3年3月、鳥取市に生まれる。

昭和26年、駒澤大学文学部仏教科卒業。仏教学・唯識学専攻。

駒澤女子短期大学教授、駒澤大学仏教学部講師、薬師寺唯識学寮講師、駒澤短期大学教授を歴任。平成19年逝去。

［主要著書］

『選註成唯識論』『随筆宿香界』『成唯識論要講全4巻』（中山書房仏書林）、『唯識の読み方—凡夫が凡夫に呼びかける唯識』『お地蔵さんのお経』『唯識の心と禅』（大法輪閣）、『観心覚夢鈔』（仏典講座・大蔵出版）、『仏教の深層心理』（有斐閣）、『仏教のこころ』『修証義にきく』（曹洞宗宗務庁）など

本書は、2005年に中山書房仏書林より刊行された
増補改訂 玄奘三蔵訳『唯識三十頌』要講の新装版です。
新装版にあたりまして索引を省略いたしました。

増補改訂 玄奘三蔵訳『唯識三十頌』要講

2024年1月11日　初版第1刷発行

著　者　太田久紀
発行人　石原俊道
印　刷　亜細亜印刷株式会社
製　本　東京美術紙工協業組合
発行所　有限会社 大法輪閣
〒150-0022 東京都渋谷区恵比寿南 2-16-6-202
TEL 03－5724－3375（代表）
振替 00160－9－487196番
http://www.daihorin-kaku.com

　ISBN978-4-8046-1448-9 C0015